Der Tod in Venedig

Death in Venice

[Bilingual Edition]

German – English

by Thomas Mann

Translated by Möwenstein

ISBN: 979-8-89513-192-3

Original text: *Death in Venice* (1912) by Thomas Mann (1875-1955)

This bilingual edition—including translation, editorial revisions, formatting, and supplementary content—is produced and edited by Mowenstein Books LLC, with the original text faithfully reproduced from public-domain sources.

While every effort has been made to ensure accuracy, minor discrepancies may occur. Readers are encouraged to consult the original text for reference.

Cover Art: Inspired by *Hustling Sunlight* by Matthew Bakkom (www.hustlingsunlight.xyz)

Möwenstein Books™ is a trademark of and imprint published by Mowenstein Books LLC.

For permissions or inquiries:

Website: mowenstein.com
Email: copyright@mowenstein.com

Mowenstein Books LLC
DE, USA

Contents

Erstes Kapitel

First Chapter

1.1 Gustav Aschenbach oder von Aschenbach, wie seit seinem fünfzigsten Geburtstag amtlich sein Name lautete, hatte an einem Frühlingsnachmittag des Jahres 19.,

Gustav Aschenbach or von Aschenbach, as his name had officially been since his fiftieth birthday, had taken another walk alone from his apartment in Prinz-Regentenstraße in Munich on a spring afternoon in the year 19.,

1.2 das unserem Kontinent monatelang eine so gefahrdrohende Miene zeigte, von seiner Wohnung in der Prinz-Regentenstraße zu München aus, allein einen weiteren Spaziergang unternommen.

which had been so threatening to our continent for months.

Überreizt von der schwierigen und gefährlichen,   1.3
eben jetzt eine höchste Behutsamkeit, Umsicht,
Eindringlichkeit und Genauigkeit des Willens
erfordernden Arbeit der Vormittagsstunden,
hatte der Schriftsteller dem Fortschwingen des
produzierenden Triebwerks in seinem Innern, jenem
Overstimulated by the difficult and dangerous work of
the morning hours, which just now demanded the utmost
caution, circumspection, urgency and precision of will, the
writer had listened to the progress of the producing engine
within him, that

»motus animi continuus«, worin nach Cicero das   1.4
Wesen der Beredsamkeit besteht, auch nach der
Mittagsmahlzeit nicht Einhalt zu tun vermocht und
den entlastenden Schlummer nicht gefunden, der
ihm, bei zunehmender Abnutzbarkeit seiner Kräfte,
einmal untertags so nötig war.
"motus animi continuus", in which, according to Cicero,
the essence of eloquence consists, even after the midday
meal, and had not been able to find the relieving slumber
which, with the increasing wear and tear on his strength,
was once so necessary to him during the day.

So hatte er bald nach dem Tee das Freie gesucht, in   1.5
der Hoffnung, daß Luft und Bewegung ihn wieder
herstellen und ihm zu einem ersprießlichen Abend
verhelfen würden.
So soon after tea he had sought the open air in the hope
that air and exercise would restore him and help him to a
pleasant evening.

Es war Anfang Mai und, nach naßkalten Wochen, ein   2.1
falscher Hochsommer eingefallen.
It was early May and, after cold, wet weeks, a false
midsummer had arrived.

2.2 Der Englische Garten, obgleich nur erst zart belaubt,
war dumpfig wie im August und in der Nähe der Stadt
voller Wagen und Spaziergänger gewesen.

The English Garden, although only tenderly leafy, was as
dull as in August, and near the city it was full of carriages
and walkers.

2.3 Beim Aumeister, wohin stillere und stillere Wege ihn
geführt,

At the Aumeister, where quieter and quieter paths led him,

2.4 hatte Aschenbach eine kleine Weile den volkstümlich
belebten Wirtsgarten überblickt,

Aschenbach had looked for a little while over the lively
public garden,

2.5 an dessen Rande einige Droschken und Equipagen
hielten,

at the edge of which a few cabs and carriages stopped,

2.6 hatte von dort bei sinkender Sonne seinen Heimweg
außerhalb des Parks über die offene Flur genommen
und erwartete,

had taken his way home from there outside the park across
the open meadow as the sun was setting and,

2.7 da er sich müde fühlte und über Föhring Gewitter
drohte,

feeling tired and thunderstorms threatening over Föhring,

2.8 am Nördlichen Friedhof die Tram,

awaited the streetcar at the Northern Cemetery,

2.9 die ihn in gerader Linie zur Stadt zurückbringen
sollte.

which was to take him back to the city in a straight line.

Zufällig fand er den Halteplatz und seine Umgebung
von Menschen leer.

By chance, he found the tram stop and its surroundings
empty of people.

2.10

Weder auf der gepflasterten Ungererstraße, deren
Schienengeleise sich einsam gleißend gegen
Schwabing erstreckten, noch auf der Föhringer
Chaussee war ein Fuhrwerk zu sehen;

Neither on the cobbled Ungererstrasse, whose tracks
stretched out lonely and glistening towards Schwabing, nor
on the Föhringer Chaussee was a carriage to be seen;

2.11

hinter den Zäunen der Steinmetzereien, wo zu Kauf
stehende Kreuze, Gedächtnistafeln und Monumente
ein zweites, unbehaustes Gräberfeld bilden, regte
sich nichts, und das byzantinische Bauwerk der
Aussegnungshalle gegenüber lag schweigend im
Abglanz des scheidenden Tages.

behind the fences of the stonemasons' workshops, where
crosses, memorial plaques and monuments for sale form
a second, unbuilt burial ground, nothing was stirring,
and the Byzantine building of the funeral hall opposite lay
silent in the reflection of the departing day.

2.12

Ihre Stirnseite, mit griechischen Kreuzen und
hieratischen Schildereien in lichten Farben
geschmückt, weist überdies symmetrisch
angeordnete Inschriften in Goldlettern auf,
ausgewählte, das jenseitige Leben betreffende
Schriftworte wie etwa:

Its front side, decorated with Greek crosses and hieratic
inscriptions in bright colors, also features symmetrically
arranged inscriptions in gold letters, selected scriptural
words relating to the afterlife, such as:

2.13

»Sie gehen ein in die Wohnung Gottes« oder:

"They enter the dwelling place of God" or:

2.14

2.15 »Das ewige Licht leuchte ihnen«;
"Let the eternal light shine upon them";

2.16 und der Wartende hatte während einiger Minuten
eine ernste Zerstreuung darin gefunden, die
Formeln abzulesen und sein geistiges Auge in ihrer
durchscheinenden Mystik sich verlieren zu lassen,
als er, aus seinen Träumereien zurückkehrend, im
Portikus, oberhalb der beiden apokalyptischen
Tiere, welche die Freitreppe bewachen, einen
Mann bemerkte, dessen nicht ganz gewöhnliche
Erscheinung seinen Gedanken eine völlig andere
Richtung gab.
and the person waiting had found a serious diversion
for a few minutes in reading the formulae and letting
his mind's eye lose itself in their translucent mysticism
when, returning from his reverie, he noticed a man in the
portico, above the two apocalyptic beasts guarding the
flight of steps, whose not quite ordinary appearance gave
his thoughts a completely different direction.

3.1 Ob er nun aus dem Innern der Halle durch das
bronzene Tor hervorgetreten oder von außen
unversehens heran und hinauf gelangt war, blieb
ungewiß.
It remained uncertain whether he had emerged from
inside the hall through the bronze door or whether he had
approached and climbed up from outside.

3.2 Aschenbach, ohne sich sonderlich in die Frage zu
vertiefen, neigte zur ersteren Annahme.
Aschenbach, without delving too deeply into the question,
was inclined to assume the former.

Mäßig hochgewachsen, mager, bartlos und   3.3
auffallend stumpfnäsig, gehörte der Mann zum
rothaarigen Typ und besaß dessen milchige und
sommersprossige Haut.

Moderately tall, lean, beardless and conspicuously blunt-
nosed, the man was of the red-haired type and had milky,
freckled skin.

Offenbar war er durchaus nicht bajuwarischen   3.4
Schlages:

He was obviously not of Bavarian stock:

wie denn wenigstens der breit und gerade gerandete   3.5
Basthut, der ihm den Kopf bedeckte, seinem
Aussehen ein Gepräge des Fremdländischen und
Weitherkommenden verlieh.

at least the broad and straight-brimmed bast hat that
covered his head lent his appearance an air of the foreign
and faraway.

Freilich trug er dazu den landesüblichen Rucksack   3.6
um die Schultern geschnallt, einen gelblichen
Gurtanzug aus Lodenstoff, wie es schien, einen
grauen Wetterkragen über dem linken Unterarm,
den er in die Weiche gestützt hielt, und in der
Rechten einen mit eiserner Spitze versehenen Stock,
welchen er schräg gegen den Boden stemmte und auf
dessen Krücke er, bei gekreuzten Füßen, die Hüfte
lehnte.

Of course, he wore the customary rucksack strapped
around his shoulders, a yellowish loden cloth belt suit,
as it seemed, a gray weather collar over his left forearm,
which he held propped up in the turnout, and in his right
hand a stick with an iron tip, which he leaned diagonally
against the ground and on whose crutch he leaned his hip
with his feet crossed.

3.7 Erhobenen Hauptes, so daß an seinem hager
dem losen Sporthemd entwachsenden Halse der
Adamsapfel stark und nackt hervortrat, blickte er mit
farblosen, rot bewimperten Augen, zwischen denen,
sonderbar genug zu seiner kurz aufgeworfenen
Nase passend, zwei senkrechte, energische Furchen
standen, scharf spähend ins Weite.

With his head raised so that the Adam's apple stood out
starkly and nakedly on his gaunt neck, which had grown
out of his loose sports shirt, he gazed sharply into the
distance with colorless, red-lashed eyes, between which,
oddly enough to match his short, upturned nose, were two
vertical, energetic furrows.

3.8 So — und vielleicht trug sein erhöhter und
erhöhender Standort zu diesem Eindruck bei —
hatte seine Haltung etwas herrisch Überschauendes,
Kühnes oder selbst Wildes;

Thus — and perhaps his elevated and elevating position
contributed to this impression — his attitude had
something imperious, bold, or even savage about it;

3.9 denn sei es, daß er, geblendet, gegen die
untergehende Sonne grimassierte oder daß es sich
um eine dauernde physiognomische Entstellung
handelte:

for whether it was that, blinded, he grimaced against the
setting sun, or that it was a permanent physiognomic
deformity:

3.10 seine Lippen schienen zu kurz, sie waren völlig von
den Zähnen zurückgezogen, dergestalt, daß diese,
bis zum Zahnfleisch bloßgelegt, weiß und lang
dazwischen hervorbleckten.

his lips seemed too short, they were completely drawn back
from his teeth, in such a way that these, exposed to the
gums, protruded white and long between them.

Wohl möglich, daß Aschenbach es bei seiner halb zerstreuten, halb inquisitiven Musterung des Fremden an Rücksicht hatte fehlen lassen;

4.1

It was quite possible that Aschenbach had lacked consideration in his half-absent-minded, half-inquisitive scrutiny of the stranger;

denn plötzlich ward er gewahr, daß jener seinen Blick erwiderte und zwar so kriegerisch, so gerade ins Auge hinein, so offenkundig gesonnen, die Sache aufs Äußerste zu treiben und den Blick des andern zum Abzug zu zwingen, daß Aschenbach, peinlich berührt, sich abwandte und einen Gang die Zäune entlang begann, mit dem beiläufigen Entschluß, des Menschen nicht weiter achtzuhaben.

4.2

for he suddenly became aware that the latter was returning his gaze, so belligerently, so straight in the eye, so evidently intent on carrying the matter to extremes and forcing the other's gaze to withdraw, that Aschenbach, embarrassed, turned away and began a walk along the fences, with the casual resolution to pay no further attention to the man.

Er hatte ihn in der nächsten Minute vergessen.

4.3

He had forgotten him the next minute.

Mochte nun aber das Wandererhafte in der Erscheinung des Fremden auf seine Einbildungskraft gewirkt haben oder sonst irgendein physischer oder seelischer Einfluß im Spiele sein:

4.4

But whether the wandering quality of the stranger's appearance had acted on his imagination, or some other physical or mental influence had been at play:

4.5 eine seltsame Ausweitung seines Innern ward ihm ganz überraschend bewußt, eine Art schweifender Unruhe, ein jugendlich durstiges Verlangen in die Ferne, ein Gefühl, so lebhaft, so neu oder doch so längst entwöhnt und verlernt, daß er, die Hände auf dem Rücken und den Blick am Boden, gefesselt stehen blieb, um die Empfindung auf Wesen und Ziel zu prüfen.

He became aware of a strange expansion of his inner being quite unexpectedly, a kind of wandering restlessness, a youthful thirsty longing for the distance, a feeling so vivid, so new or yet so long weaned and unlearned that he stood still, his hands behind his back and his eyes on the ground, to examine the sensation for its nature and destination.

4.6 Es war Reiselust, nichts weiter;

It was wanderlust, nothing more;

4.7 aber wahrhaft als Anfall auftretend und ins Leidenschaftliche, ja bis zur Sinnestäuschung gesteigert.

but it was truly a seizure, heightened to the point of passion, even to the point of delusion.

Er sah nämlich, als Beispiel gleichsam für alle 4.8
Wunder und Schrecken der mannigfaltigen Erde,
die seine Begierde sich auf einmal vorzustellen
trachtete, — sah wie mit leiblichem Auge eine
ungeheuere Landschaft, ein tropisches Sumpfgebiet
unter dickdunstigem Himmel, feucht, üppig
und ungesund, eine von Menschen gemiedene
Urweltwildnis aus Inseln, Morästen und Schlamm
führenden Wasserarmen.

For he saw, as an example, as it were, of all the wonders and
horrors of the manifold earth, which his desire endeavored
to imagine at once, — saw, as if with the physical eye, an
immense landscape, a tropical marshland under a thick
hazy sky, moist, luxuriant, and unhealthy, a primeval
wilderness of islands, morasses, and muddy arms of water,
shunned by man.

Die flachen Eilande, deren Boden mit Blättern, so 4.9
dick wie Hände, mit riesigen Farnen, mit fettem,
gequollenem und abenteuerlich blühendem
Pflanzenwerk überwuchert war, sandten haarige
Palmenschäfte empor, und wunderlich ungestalte
Bäume, deren Wurzeln dem Stamm entwuchsen und
sich durch die Luft in den Boden, ins Wasser senkten,
bildeten verworrene Waldungen.

The flat islets, whose ground was overgrown with leaves
as thick as hands, with huge ferns, with fat, swollen and
adventurously flowering plants, sent up hairy palm shafts,
and strangely shapeless trees, whose roots grew out of the
trunk and sank through the air into the ground, into the
water, formed tangled forests.

4.10 Auf der stockenden, grünschattig spiegelnden Flut
schwammen, wie Schüsseln groß, milchweiße
Blumen; Vögel von fremder Art, hochschultrig,
mit unförmigen Schnäbeln, standen auf hohen
Beinen im Seichten und blickten unbeweglich zur
Seite, während durch ausgedehnte Schilffelder
ein klapperndes Wetzen und Rauschen ging, wie
durch Heere von Geharnischten; dem Schauenden
war es, als hauchte der laue, mephitische Odem
dieser geilen und untauglichen Öde ihn an, die
in einem ungeheuerlichen Zustande von Werden
oder Vergehen zu schweben schien, zwischen den
knotigen Rohrstämmen eines Bambusdickichts
glaubte er einen Augenblick die phosphoreszierenden
Lichter des Tigers funkeln zu sehen — und fühlte
sein Herz pochen vor Entsetzen und rätselhaftem
Verlangen.

Milky-white flowers floated like large bowls on the
stagnant, greenish, reflecting tide; birds of a strange
kind, tall, with misshapen beaks, stood on high legs in
the shallows and gazed motionlessly to one side, while a
rattling and rushing sound passed through the extensive
reed fields, as if through armies of armored men; To the
onlooker it was as if the lukewarm, Mephitic breath
of this horny and unfit wasteland breathed upon him,
which seemed to hover in a monstrous state of becoming
or passing away; between the knotty cane trunks of a
bamboo thicket he thought for a moment he saw the
phosphorescent lights of the tiger sparkling-and felt his
heart throb with horror and mysterious desire.

4.11 **Dann wich das Gesicht;**
Then the face receded;

11

und mit einem Kopfschütteln nahm Aschenbach
seine Promenade an den Zäunen der
Grabsteinmetzereien wieder auf.

4.12

and with a shake of his head Aschenbach resumed his
promenade along the fences of the tombstone masons'
workshops.

Er hatte, zum mindesten seit ihm die Mittel zu
Gebote gewesen wären, die Vorteile des Weltverkehrs
beliebig zu genießen, das Reisen nicht anders denn
als eine hygienische Maßregel betrachtet, die gegen
Sinn und Neigung dann und wann hatte getroffen
werden müssen.

5.1

At least since he had had the means to enjoy the advantages
of world travel at will, he had regarded traveling as nothing
more than a hygienic measure that had to be taken now and
then against his sense and inclination.

Zu beschäftigt mit den Aufgaben, welche sein
Ich und die europäische Seele ihm stellten, zu
belastet von der Verpflichtung zur Produktion, der
Zerstreuung zu abgeneigt, um zum Liebhaber der
bunten Außenwelt zu taugen, hatte er sich durchaus
mit der Anschauung begnügt, die heute jedermann,
ohne sich weit aus seinem Kreise zu rühren, von
der Oberfläche der Erde gewinnen kann, und war
niemals auch nur versucht gewesen, Europa zu
verlassen.

5.2

Too busy with the tasks that his ego and the European soul
set him, too burdened by the obligation to produce, too
averse to distraction to be a lover of the colorful outside
world, he had been quite content with the view that anyone
today can gain of the surface of the earth without moving
far from his circle, and had never even been tempted to
leave Europe.

5.3 Zumal seit sein Leben sich langsam neigte, seit seine Künstlerfurcht, nicht fertig zu werden, — diese Besorgnis, die Uhr möchte abgelaufen sein, bevor er das Seine getan und völlig sich selbst gegeben, nicht mehr als bloße Grille von der Hand zu weisen war, hatte sein äußeres Dasein sich fast ausschließlich auf die schöne Stadt, die ihm zur Heimat geworden, und auf den rauhen Landsitz beschränkt, den er sich im Gebirge errichtet und wo er die regnerischen Sommer verbrachte.

Especially since his life was slowly declining, since his fear of not being finished as an artist,-this apprehension that the clock might run out before he had done his part and given himself completely to himself, could no longer be dismissed as mere cricket,-his external existence had been confined almost exclusively to the beautiful city which had become his home, and to the rugged country residence which he had built for himself in the mountains and where he spent the rainy summers.

6.1 Auch wurde denn, was ihn da eben so spät und plötzlich angewandelt, sehr bald durch Vernunft und von jung auf geübte Selbstzucht gemäßigt und richtig gestellt.

The sudden and late change in his life was soon tempered and corrected by reason and self-discipline practiced from a young age.

Er hatte beabsichtigt, das Werk, für welches er lebte, 6.2
bis zu einem gewissen Punkte zu fördern, bevor
er aufs Land übersiedelte, und der Gedanke einer
Weltbummelei, die ihn auf Monate seiner Arbeit
entführen würde, schien allzu locker und planwidrig,
er durfte nicht ernstlich in Frage kommen.

He had intended to further the work for which he lived
up to a certain point before he moved to the country, and
the idea of a worldly dalliance that would take him away
from his work for months on end seemed all too loose and
contrary to plan; it could not be seriously considered.

Und doch wußte er nur zu wohl, aus welchem 6.3
Grunde die Anfechtung so unversehens
hervorgegangen war.

And yet he knew only too well the reason why the
temptation had arisen so unexpectedly.

Fluchtdrang war sie, daß er es sich eingestand, diese 6.4
Sehnsucht ins Ferne und Neue, diese Begierde nach
Befreiung, Entbürdung und Vergessen, — der Drang
hinweg vom Werke, von der Alltagsstätte eines
starren, kalten und leidenschaftlichen Dienstes.

It was an urge to escape, that he admitted to himself,
this longing for the distant and the new, this desire for
liberation, relief and oblivion, — the urge to get away
from work, from the everyday place of a rigid, cold and
passionate service.

6.5 Zwar liebte er ihn und liebte auch fast schon den entnervenden, sich täglich erneuernden Kampf zwischen seinem zähen und stolzen, so oft erprobten Willen und dieser wachsenden Müdigkeit, von der niemand wissen und die das Produkt auf keine Weise, durch kein Anzeichen des Versagens und der Laßheit verraten durfte.

True, he loved it and almost loved the enervating, daily renewing struggle between his tenacious and proud will, so often tested, and this growing weariness, of which no one could know and which the product could not betray in any way, by any sign of failure or laxity.

6.6 Aber verständig schien es, den Bogen nicht zu überspannen und ein so lebhaft ausbrechendes Bedürfnis nicht eigensinnig zu ersticken.

But it seemed prudent not to overstep the mark and not to stifle such a vividly erupting need.

6.7 Er dachte an seine Arbeit, dachte an die Stelle, an der er sie auch heute wieder, wie gestern schon, hatte verlassen müssen und die weder geduldiger Pflege noch einem raschen Handstreich sich fügen zu wollen schien.

He thought of his work, thought of the place where he had had to leave it again today, as he had yesterday, and which seemed unwilling to submit to either patient care or a swift stroke of the hand.

6.8 Er prüfte sie aufs neue, versuchte die Hemmung zu durchbrechen oder aufzulösen und ließ mit einem Schauder des Widerwillens vom Angriff ab.

He examined it again, tried to break through or dissolve the inhibition and, with a shudder of reluctance, abandoned the attack.

Hier bot sich keine außerordentliche Schwierigkeit, sondern was ihn lähmte, waren die Skrupeln der Unlust, die sich als eine durch nichts mehr zu befriedigende Ungenügsamkeit darstellte.

6.9

There was no extraordinary difficulty here, but what paralyzed him were the scruples of displeasure, which presented themselves as an insufficiency that could no longer be satisfied by anything.

Ungenügsamkeit freilich hatte schon dem Jüngling als Wesen und innerste Natur des Talentes gegolten, und um ihretwillen hatte er das Gefühl gezügelt und erkältet, weil er wußte, daß es geneigt ist, sich mit einem fröhlichen Ungefähr und mit einer halben Vollkommenheit zu begnügen.

6.10

Insufficiency, of course, had already been regarded by the youth as the essence and innermost nature of talent, and for its sake he had restrained and chilled the feeling, because he knew that it was inclined to be content with a cheerful approximation and with half-perfection.

Rächte sich nun also die geknechtete Empfindung, indem sie ihn verließ, indem sie seine Kunst fürder zu tragen und zu beflügeln sich weigerte und alle Lust, alles Entzücken an der Form und am Ausdruck mit sich hinwegnahm?

6.11

Did the enslaved feeling take revenge by leaving him, by refusing to carry and inspire his art and by taking away all pleasure, all delight in form and expression?

Nicht, daß er Schlechtes herstellte:

6.12

Not that he produced anything bad:

Dies wenigstens war der Vorteil seiner Jahre,

6.13

This at least was the advantage of his years,

6.14 daß er sich seiner Meisterschaft jeden Augenblick in Gelassenheit sicher fühlte.

that he felt sure of his mastery every moment in serenity.

6.15 Aber er selbst, während die Nation sie ehrte, er ward ihrer nicht froh, und es schien ihm, als ermangle sein Werk jener Merkmale feurig spielender Laune, die, ein Erzeugnis der Freude, mehr als irgend ein innerer Gehalt, ein gewichtigerer Vorzug, die Freude der genießenden Welt bildeten.

But he himself, while the nation honored it, did not rejoice in it, and it seemed to him that his work lacked those features of fiery playfulness which, a product of joy, more than any inner content, a weightier merit, formed the joy of the enjoying world.

6.16 Er fürchtete sich vor dem Sommer auf dem Lande, allein in dem kleinen Hause mit der Magd, die ihm das Essen bereitete, und dem Diener, der es ihm auftrug;

He was afraid of the summer in the country, alone in the little house with the maid who prepared his food and the servant who served it to him;

6.17 fürchtete sich vor den vertrauten Angesichten der Berggipfel und-wände, die wiederum seine unzufriedene Langsamkeit umstehen würden.

he was afraid of the familiar faces of the mountain peaks and walls that would again surround his discontented slowness.

6.18 Und so tat denn eine Einschaltung not, etwas Stegreifdasein, Tagdieberei, Fernluft und Zufuhr neuen Blutes, damit der Sommer erträglich und ergiebig werde.

And so an intervention was needed, a little impromptu existence, daytime thievery, distant air and a supply of new blood to make the summer bearable and productive.

Reisen also, — er war es zufrieden. Nicht gar weit, 6.19

So he was content to travel. Not too far,

nicht gerade bis zu den Tigern. 6.20

not exactly as far as the tigers.

Eine Nacht im Schlafwagen und eine Siesta von drei, 6.21
vier Wochen an irgend einem Allerweltsferienplatze
im liebenswürdigen Süden ...

One night in a sleeping car and a siesta of three or four
weeks at some ordinary vacation spot in the lovely south ...

So dachte er, während der Lärm der elektrischen 7.1
Tram die Ungererstraße daher sich näherte, und
einsteigend beschloß er, diesen Abend dem Studium
von Karte und Kursbuch zu widmen.

So he thought as the noise of the electric streetcar
approached Ungererstrasse, and getting in he decided to
devote this evening to studying the map and the timetable.

Auf der Plattform fiel ihm ein, nach dem Manne 7.2
im Basthut, dem Genossen dieses immerhin
folgereichen Aufenthaltes, Umschau zu halten.

On the platform, he remembered to look for the man
in the baseball hat, the comrade of this nevertheless
consequential stay.

Doch wurde ihm dessen Verbleib nicht deutlich, da er 7.3
weder an seinem vorherigen Standort, noch auf dem
weiteren Halteplatz, noch auch im Wagen ausfindig
zu machen war.

But his whereabouts were not clear to him, as he could not
be found either at his previous location, at the next stop or
in the carriage.

18

Zweites Kapitel

Second Chapter

1.1 Der Autor der klaren und mächtigen Prosa-Epopöe
vom Leben Friedrichs von Preußen;
The author of the clear and powerful prose epopee on the
life of Frederick of Prussia;

1.2 der geduldige Künstler, der in langem Fleiß den
figurenreichen, so vielerlei Menschenschicksal im
Schatten einer Idee versammelnden Romanteppich,
the patient artist who, with long diligence, wove the richly
figurative tapestry of a novel,

1.3 »Maja« mit Namen,
"Maja" by name,

1.4 wob;
which brings together so many different human destinies
in the shadow of one idea;

1.5 der Schöpfer jener starken Erzählung,
the creator of the powerful story entitled "Ein Elender" (A
Wretched Man),

die »Ein Elender« überschrieben ist und einer   1.6
ganzen dankbaren Jugend die Möglichkeit sittlicher
Entschlossenheit jenseits der tiefsten Erkenntnis
zeigte;
which showed a whole grateful youth the possibility of
moral determination beyond the deepest knowledge;

der Verfasser endlich (und damit sind die   1.7
Werke seiner Reifezeit kurz bezeichnet) der
leidenschaftlichen Abhandlung über »Geist und
Kunst«, deren ordnende Kraft und antithetische
Beredsamkeit ernste Beurteiler vermochte, sie
unmittelbar neben Schillers Raisonnement über
naive und sentimentalische Dichtung zu stellen:
finally, the author (and this briefly describes the works of
his mature period) of the passionate treatise on "Spirit and
Art," whose organizing power and antithetical eloquence
enabled serious judges to place it right next to Schiller's
raisononnement on naive and sentimental poetry:

Gustav Aschenbach also war zu L., einer Kreisstadt   1.8
der Provinz Schlesien, als Sohn eines höheren
Justizbeamten geboren.
Gustav Aschenbach was born in L., a district town in the
province of Silesia, the son of a higher judicial official.

Seine Vorfahren waren Offiziere, Richter,   1.9
Verwaltungsfunktionäre gewesen, Männer, die
im Dienste des Königs, des Staates, ihr straffes,
anständig karges Leben geführt hatten.
His ancestors had been officers, judges, administrative
functionaries, men who had led their tight, decently
meagre lives in the service of the king, the state.

Innigere Geistigkeit hatte sich einmal, in der Person   1.10
eines Predigers, unter ihnen verkörpert;
A more intimate spirituality had once been embodied
among them in the person of a preacher;

20

1.11 rascheres, sinnlicheres Blut war der Familie in der vorigen Generation durch die Mutter des Dichters, Tochter eines böhmischen Kapellmeisters, zugekommen.

quicker, more sensual blood had come to the family in the previous generation through the poet's mother, the daughter of a Bohemian bandmaster.

1.12 Von ihr stammten die Merkmale fremder Rasse in seinem Äußern.

The features of foreign race in his appearance came from her.

1.13 Die Vermählung dienstlich nüchterner Gewissenhaftigkeit mit dunkleren,

The marriage of sober conscientiousness with darker,

1.14 feurigeren Impulsen ließ einen Künstler und diesen besonderen Künstler erstehen.

more fiery impulses gave birth to an artist and this particular artist.

1.15 Da sein ganzes Wesen auf Ruhm gestellt war, zeigte er sich, wenn nicht eigentlich früh reif, so doch, dank der Entschiedenheit und persönlichen Prägnanz seines Tonfalls früh für die Öffentlichkeit reif und geschickt.

Since his whole being was geared towards fame, he showed himself, if not actually mature at an early age, at least mature and skillful for the public thanks to the decisiveness and personal conciseness of his tone.

1.16 Beinahe noch Gymnasiast, besaß er einen Namen.

Almost still a grammar school pupil, he had a name.

Zehn Jahre später hatte er gelernt, von seinem Schreibtische aus zu repräsentieren, seinen Ruhm zu verwalten in einem Briefsatz, der kurz sein mußte (denn viele Ansprüche drängen auf den Erfolgreichen, den Vertrauenswürdigen ein), gütig und bedeutend zu sein.

1.17

Ten years later, he had learned to represent from his desk, to manage his fame in a letter that had to be short (for many claims press in on the successful, the trustworthy), to be gracious and important.

Der Vierziger hatte, ermattet von den Strapazen und Wechselfällen der eigentlichen Arbeit, alltäglich eine Post zu bewältigen, die Wertzeichen aus aller Herren Ländern trug.

1.18

The man in his forties, exhausted by the exertions and vicissitudes of his actual work, had to cope with a daily mail bearing stamps from all over the world.

Ebensoweit entfernt vom Banalen wie vom Exzentrischen, war sein Talent geschaffen, den Glauben des breiten Publikums und die bewundernde, fordernde Teilnahme der Wählerischen zugleich zu gewinnen.

2.1

As far removed from the banal as from the eccentric, his talent was created to win the faith of the general public and the admiring, demanding participation of the selective at the same time.

So, schon als Jüngling von allen Seiten auf die Leistung — und zwar die außerordentliche — verpflichtet, hatte er niemals den Müßiggang, niemals die Fahrlässigkeit der Jugend gekannt.

2.2

Thus, already as a young man committed from all sides to achievement — and extraordinary achievement at that — he had never known the idleness, never the carelessness of youth.

2.3 **Als er um sein fünfunddreißigstes Jahr in Wien erkrankte,**
When he fell ill in Vienna about his thirty-fifth year,

2.4 **äußerte ein feiner Beobachter über ihn in Gesellschaft:**
a fine observer said of him in company:

2.5 **»Sehen Sie,**
"You see,

2.6 **Aschenbach hat von jeher nur so gelebt« — und der Sprecher schloß die Finger seiner Linken fest zur Faust — ; »niemals so« — und er ließ die geöffnete Hand bequem von der Lehne des Sessels hängen.**
Aschenbach has always lived like this" — and the speaker closed the fingers of his left hand tightly in a fist — "never like this" — and he let his open hand hang comfortably from the back of the armchair.

2.7 **Das traf zu;**
That was true;

2.8 **und das Tapfer-Sittliche daran war, daß seine Natur von nichts weniger als robuster Verfassung und zur ständigen Anspannung nur berufen, nicht eigentlich geboren war.**
and the brave and moral thing about it was that his nature was nothing less than robust and only called to constant tension, not actually born to it.

3.1 **Ärztliche Fürsorge hatte den Knaben vom Schulbesuch ausgeschlossen und auf häuslichen Unterricht gedrungen.**
Medical care had excluded the boy from attending school and insisted on home schooling.

Einzeln, ohne Kameradschaft war er aufgewachsen 3.2
und hatte doch zeitig erkennen müssen, daß er einem
Geschlecht angehörte, in dem nicht das Talent, wohl
aber die physische Basis eine Seltenheit war, deren
das Talent zu seiner Erfüllung bedarf, — einem
Geschlechte, das früh sein Bestes zu geben pflegt
und in dem das Können es selten zu Jahren bringt.

He had grown up alone, without companionship, and yet
he had had to recognize early on that he belonged to a race
in which not talent, but rather the physical basis was a
rarity, which talent requires for its fulfilment, — a race
that tends to give its best early and in which ability seldom
brings it to years.

Aber sein Lieblingswort war 3.3

But his favorite word was

»Durchhalten«, — er sah in seinem Friedrich- 3.4
Roman nichts anderes als die Apotheose dieses
Befehlswortes, das ihm als der Inbegriff-leitend-
tätiger Tugend erschien.

"perseverance",-he saw in his Friedrich novel nothing
other than the apotheosis of this commanding word, which
seemed to him to be the epitome of leading, active virtue.

Auch wünschte er sehnlichst, alt zu werden, denn 3.5
er hatte von jeher dafür gehalten, daß wahrhaft
groß, umfassend, ja wahrhaft ehrenwert nur das
Künstlertum zu nennen sei, dem es beschieden war,
auf allen Stufen des Menschlichen charakteristisch
fruchtbar zu sein.

He also ardently wished to grow old, for he had always
believed that only that artistry which was destined to be
characteristically fruitful at all levels of humanity could be
called truly great, comprehensive, indeed truly honorable.

4.1 Da er also die Aufgaben, mit denen sein Talent ihn
belud, auf zarten Schultern tragen und weit gehen
wollte, so bedurfte er höchlich der Zucht, —

Since he wanted to carry the tasks with which his talent
burdened him on delicate shoulders and go far, he was in
great need of discipline —

4.2 und Zucht war ja zum Glücke sein eingeborenes
Erbteil von väterlicher Seite.

and fortunately, discipline was his innate inheritance from
his father's side.

4.3 Mit vierzig, mit fünfzig Jahren wie schon in einem
Alter, wo andere verschwenden, schwärmen, die
Ausführung großer Pläne getrost verschieben,
begann er seinen Tag beizeiten mit Stürzen kalten
Wassers über Brust und Rücken und brachte dann,
ein Paar hoher Wachskerzen in silbernen Leuchtern
zu Häupten des Manuskripts, die Kräfte, die er im
Schlaf gesammelt, in zwei oder drei inbrünstig
gewissenhaften Morgenstunden der Kunst zum Opfer
dar.

At forty, at fifty, as at an age when others waste, rave, and
confidently postpone the execution of great plans, he began
his day in good time with plunges of cold water over his
chest and back, and then, a pair of tall wax candles in silver
candlesticks at the head of the manuscript, offered up the
strength he had gathered in his sleep to art in two or three
fervently conscientious morning hours.

Es war verzeihlich, ja, es bedeutete recht eigentlich   4.4
den Sieg seiner Moralität, wenn Unkundige die
Maja-Welt oder die epischen Massen, in denen
sich Friedrichs Heldenleben entrollte, für das
Erzeugnis gedrungener Kraft und eines langen
Atems hielten, während sie vielmehr in kleinen
Tagewerken aus hundert Einzelinspirationen zur
Größe emporgeschichtet und nur darum so durchaus
und an jedem Punkte vortrefflich waren, weil ihr
Schöpfer mit einer Willensdauer und Zähigkeit,
derjenigen ähnlich, die seine Heimatprovinz
eroberte, jahrelang unter der Spannung eines und
desselben Werkes ausgehalten und an die eigentliche
Herstellung ausschließlich seine stärksten und
würdigsten Stunden gewandt hatte.

It was forgivable, indeed, it actually signified the victory of
his morality, if those unfamiliar with the world of Maya or
the epic masses in which Frederick's heroic life unfolded
were considered to be the product of a strong force and
a long breath, whereas in fact they were layered up to
greatness in small daily works from a hundred individual
inspirations and were only so thoroughly and at every
point excellent because their creator, with a willfulness
of purpose, was able to create them, because their creator
had endured for years under the tension of one and the
same work with a duration of will and tenacity similar to
that which conquered his native province, and had devoted
only his strongest and most worthy hours to the actual
production.

5.1 Damit ein bedeutendes Geistesprodukt auf der Stelle eine breite und tiefe Wirkung zu üben vermöge, muß eine tiefe Verwandtschaft, ja Übereinstimmung zwischen dem persönlichen Schicksal seines Urhebers und dem allgemeinen des mitlebenden Geschlechtes bestehen.

In order for an important intellectual product to have a broad and profound effect on the spot, there must be a deep relationship, indeed a correspondence, between the personal destiny of its author and that of the living race in general.

5.2 Die Menschen wissen nicht, warum sie einem Kunstwerk Ruhm bereiten.

People do not know why they give fame to a work of art.

5.3 Weit entfernt von Kennerschaft, glauben sie hundert Vorzüge daran zu entdecken, um so viel Teilnahme zu rechtfertigen;

Far from connoisseurship, they believe they can discover a hundred merits in it to justify so much interest;

5.4 aber der eigentliche Grund ihres Beifalls ist ein Unwägbares,

but the real reason for their applause is something imponderable,

5.5 ist Sympathie.

is sympathy.

Aschenbach hatte es einmal an wenig sichtbarer
Stelle unmittelbar ausgesprochen, daß beinahe
alles Große, was dastehe, als ein Trotzdem dastehe,
trotz Kummer und Qual, Armut, Verlassenheit,
Körperschwäche, Laster, Leidenschaft und tausend
Hemmnissen zustande gekommen sei.

5.6

Aschenbach had once said directly, in a less visible
place, that almost everything great that stood there,
stood there in spite of sorrow and agony, poverty,
abandonment, physical weakness, vice, passion and a
thousand hindrances.

Aber das war mehr als eine Bemerkung, es war eine
Erfahrung, war geradezu die Formel seines Lebens
und Ruhmes, der Schlüssel zu seinem Werk;

5.7

But this was more than a remark, it was an experience, it
was the very formula of his life and fame, the key to his
work;

und was Wunder also, wenn es auch der
sittliche Charakter, die äußere Gebärde seiner
eigentümlichsten Figuren war?

5.8

and what wonder, then, if it was also the moral character,
the outward gesture of his most peculiar figures?

Über den neuen, in mannigfach individuellen
Erscheinungen wiederkehrenden Heldentyp,
den dieser Schriftsteller bevorzugte, hatte schon
frühzeitig ein kluger Zergliederer geschrieben:

6.1

A clever dissector had already written early on about the
new type of hero that this writer preferred, which recurred
in a variety of individual manifestations:

daß er die Konzeption

6.2

that he was the conception of

28

6.3 »einer intellektuellen und jünglinghaften Männlichkeit« sei,

"an intellectual and youthful masculinity" that

6.4 »die in stolzer Scham die Zähne aufeinanderbeißt und ruhig dasteht, während ihr die Schwerter und Speere durch den Leib gehen.«

"grits its teeth in proud shame and stands calmly while the swords and spears pass through its body."

6.5 Das war schön, geistreich und exakt, trotz seiner scheinbar allzu passivischen Prägung.

That was beautiful, witty and precise, despite its seemingly overly passive characterization.

6.6 Denn Haltung im Schicksal, Anmut in der Qual bedeutet nicht nur ein Dulden;

For composure in fate, grace in agony, does not merely mean acquiescence;

6.7 sie ist eine aktive Leistung, ein positiver Triumph, und die Sebastian-Gestalt ist das schönste Sinnbild, wenn nicht der Kunst überhaupt, so doch gewiß der in Rede stehenden Kunst.

it is an active achievement, a positive triumph, and the figure of Sebastian is the most beautiful symbol, if not of art in general, then certainly of the art in question.

6.8 Blickte man hinein in diese erzählte Welt, sah man die elegante Selbstbeherrschung, die bis zum letzten Augenblick eine innere Unterhöhlung, den biologischen Verfall vor den Augen der Welt verbirgt;

If one looked into this narrated world, one saw the elegant self-control, which until the last moment hides an inner undermining, the biological decay from the eyes of the world;

die gelbe, sinnlich benachteiligte Häßlichkeit, die es
vermag, ihre schwelende Brunst zur reinen Flamme
zu entfachen, ja, sich zur Herrschaft im Reiche der
Schönheit aufzuschwingen; 6.9

the yellow, sensually disadvantaged ugliness, which is able
to ignite its smoldering ardor into a pure flame, yes, to rise
to dominance in the realm of beauty;

die bleiche Ohnmacht, welche aus den glühenden
Tiefen des Geistes die Kraft holt, ein ganzes
übermütiges Volk zu Füßen des Kreuzes, zu ihren
Füßen niederzuwerfen; 6.10

the pale impotence that draws from the glowing depths of
the spirit the strength to prostrate an entire overconfident
people at the foot of the cross, at her feet;

die liebenswürdige Haltung im leeren und strengen
Dienste der Form; 6.11

the amiable attitude in the empty and austere service of
form;

das falsche, gefährliche Leben, die rasch entnervende
Sehnsucht und Kunst des gebornen Betrügers: 6.12

the false, dangerous life, the quickly enervating longing
and art of the born deceiver:

betrachtete man all dies Schicksal und wieviel
gleichartiges noch, so konnte man zweifeln, ob
es überhaupt einen anderen Heroismus gäbe, als
denjenigen der Schwäche. 6.13

If one considered all this fate and how many more like it,
one could doubt whether there was any other heroism than
that of weakness.

Welches Heldentum aber jedenfalls wäre
zeitgemäßer als dieses? 6.14

But what heroism would be more contemporary than this?

6.15 Gustav Aschenbach war der Dichter all derer,
die am Rande der Erschöpfung arbeiten, der
Überbürdeten, schon Aufgeriebenen, sich noch
Aufrechthaltenden, all dieser Moralisten der
Leistung, die, schmächtig von Wuchs und spröde
von Mitteln, durch Willensverzückung und kluge
Verwaltung sich wenigstens eine Zeitlang die
Wirkungen der Größe abgewinnen.

Gustav Aschenbach was the poet of all those who work on
the brink of exhaustion, of those who are overburdened,
already worn down, still holding themselves up, of all
those moralists of achievement who, slender of stature
and brittle of means, at least for a time gain the effects of
greatness through rapture of will and clever management.

6.16 Ihrer sind viele, sie sind die Helden des Zeitalters.

There are many of them, they are the heroes of the age.

6.17 Und sie alle erkannten sich wieder in seinem Werk,
sie fanden sich bestätigt, erhoben, besungen darin,
sie wußten ihm Dank, sie verkündeten seinen
Namen.

And they all recognized themselves in his work, they found
themselves confirmed, uplifted, praised in it, they thanked
him, they proclaimed his name.

7.1 Er war jung und roh gewesen mit der Zeit und,
schlecht beraten von ihr, war er öffentlich
gestrauchelt, hatte Mißgriffe getan, sich bloßgestellt,
Verstöße gegen Takt und Besonnenheit begangen in
Wort und Werk.

He had been young and rough with the times, and, ill-
advised by them, he had stumbled in public, committed
blunders, exposed himself, committed offenses against tact
and prudence in word and deed.

Aber er hatte die Würde gewonnen, nach welcher, 7.2
wie er behauptete, jedem großen Talente ein
natürlicher Drang und Stachel eingeboren ist, ja,
man kann sagen, daß seine ganze Entwicklung
ein bewußter und trotziger, alle Hemmungen des
Zweifels und der Ironie zurücklassender Aufstieg zur
Würde gewesen war.

But he had won the dignity for which, as he claimed, every
great talent has a natural urge and sting; indeed, one could
say that his whole development had been a conscious and
defiant ascent to dignity, leaving behind all inhibitions of
doubt and irony.

Lebendige, geistig unverbindliche Greifbarkeit der 8.1
Gestaltung bildet das Ergötzen der bürgerlichen
Massen, aber leidenschaftlich unbedingte Jugend
wird nur durch das Problematische gefesselt:

Lively, intellectually non-binding tangibility of design
is the delight of the bourgeois masses, but passionately
unconditional youth is only captivated by the problematic:

und Aschenbach war problematisch, 8.2

and Aschenbach was problematic,

war unbedingt gewesen wie nur irgendein Jüngling. 8.3

had been unconditional like only any other youth.

Er hatte dem Geiste gefrönt, mit der Erkenntnis 8.4
Raubbau getrieben, Saatfrucht vermahlen,
Geheimnisse preisgegeben, das Talent verdächtigt,
die Kunst verraten, —

He had indulged the spirit, plundered knowledge, ground
up seeds, revealed secrets, suspected talent, betrayed art —

8.5 ja, während seine Bildwerke die gläubig
Genießenden unterhielten, erhoben, belebten, hatte
er, der jugendliche Künstler, die Zwanzigjährigen
durch seine Zynismen über das fragwürdige Wesen
der Kunst, des Künstlertums selbst in Atem gehalten.

indeed, while his paintings entertained, uplifted and
enlivened the devoutly connoisseurs, he, the youthful
artist, had kept the twenty-year-olds in suspense with his
cynicism about the questionable nature of art, of artistry
itself.

9.1 Aber es scheint, daß gegen nichts ein edler und
tüchtiger Geist sich rascher, sich gründlicher
abstumpft als gegen den scharfen und bitteren Reiz
der Erkenntnis;

But it seems that there is nothing to which a noble and
capable spirit becomes more quickly and thoroughly numb
than to the sharp and bitter stimulus of knowledge;

9.2 und gewiß ist, daß die schwermütig gewissenhafteste
Gründlichkeit des Jünglings Seichtheit bedeutet im
Vergleich mit dem tiefen Entschlusse des Meister
gewordenen Mannes, das Wissen zu leugnen,
es abzulehnen, erhobenen Hauptes darüber
hinwegzusehen, sofern es den Willen, die Tat, das
Gefühl und selbst die Leidenschaft im Geringsten zu
lähmen, zu entmutigen, zu entwürdigen geeignet ist.

and it is certain that the most melancholy and
conscientious thoroughness of the youth is shallowness
in comparison with the deep resolution of the man who
has become a master to deny knowledge, to reject it, to look
over it with his head held high, if it is in the least likely to
paralyze, to discourage, to degrade the will, the action, the
feeling and even the passion.

9.3 Wie wäre die berühmte Erzählung vom »Elenden«

How could the famous tale of the "wretched man"

wohl anders zu deuten denn als Ausbruch des Ekels   9.4
gegen den unanständigen Psychologismus der
Zeit, verkörpert in der Figur jenes weichen und
albernen Halbschurken, der sich ein Schicksal
erschleicht, indem er sein Weib, aus Ohnmacht,
aus Lasterhaftigkeit, aus ethischer Velleität, in
die Arme eines Unbärtigen treibt und aus Tiefe
Nichtswürdigkeiten begehen zu dürfen glaubt?

be interpreted in any other way than as an outburst of
disgust against the indecent psychologism of the time,
embodied in the figure of that soft and silly half-villain,
who cheats himself of a fate by driving his wife, out of
impotence, out of depravity, out of ethical velleity, into the
arms of an unbearded man and believes he is allowed to
commit worthless deeds out of his depths?

Die Wucht des Wortes, mit welchem hier das   9.5
Verworfene verworfen wurde, verkündete die
Abkehr von allem moralischen Zweifelsinn, von
jeder Sympathie mit dem Abgrund, die Absage
an die Laxheit des Mitleidssatzes, daß alles
verstehen alles verzeihen heiße, und was sich hier
vorbereitete, ja schon vollzog, war jenes »Wunder
der wiedergeborenen Unbefangenheit«, auf welches
ein wenig später in einem der Dialoge des Autors
ausdrücklich und nicht ohne geheimnisvolle
Betonung die Rede kam.

The force of the word with which the rejected was rejected
here proclaimed the renunciation of all moral doubt, of
all sympathy with the abyss, the rejection of the laxity of
the pity sentence that understanding everything means
forgiving everything, and what was being prepared here,
indeed was already taking place, was that "miracle of
reborn impartiality" which was explicitly and not without
mysterious emphasis referred to a little later in one of the
author's dialogues.

9.6 **Seltsame Zusammenhänge!**

Strange connections!

9.7 **War es eine geistige Folge dieser »Wiedergeburt«, dieser neuen Würde und Strenge, daß man um dieselbe Zeit ein fast übermäßiges Erstarken seines Schönheitssinnes beobachtete, jene adelige Reinheit, Einfachheit und Ebenmäßigkeit der Formgebung, welche seinen Produkten fortan ein so sinnfälliges, ja gewolltes Gepräge der Meisterlichkeit und Klassizität verlieh?**

Was it a spiritual consequence of this "rebirth," this new dignity and austerity, that around the same time an almost excessive strengthening of his sense of beauty was observed, that aristocratic purity, simplicity and evenness of form which from then on lent his products such a striking, indeed deliberate imprint of mastery and classicism?

9.8 **Aber moralische Entschlossenheit jenseits des Wissens, der auflösenden und hemmenden Erkenntnis, — bedeutet sie nicht wiederum eine Vereinfachung, eine sittliche Vereinfältigung der Welt und der Seele und also auch ein Erstarken zum Bösen, Verbotenen, zum sittlich Unmöglichen?**

But moral determination beyond knowledge, beyond knowledge that dissolves and inhibits — does it not in turn mean a simplification, a moral simplification of the world and the soul and thus also a strengthening towards evil, the forbidden, the morally impossible?

9.9 **Und hat Form nicht zweierlei Gesicht?**

And doesn't form have two faces?

Ist sie nicht sittlich und unsittlich zugleich, — sittlich 9.10
als Ergebnis und Ausdruck der Zucht, unsittlich
aber und selbst widersittlich, sofern sie von Natur
eine moralische Gleichgültigkeit in sich schließt,
ja, wesentlich bestrebt ist, das Moralische unter ihr
stolzes und unumschränktes Szepter zu beugen?

Is it not moral and immoral at the same time, — moral
as the result and expression of discipline, but immoral
and itself immoral insofar as it inherently includes a
moral indifference, indeed, essentially endeavors to bend
morality under its proud and unrestricted scepter?

Wie dem auch sei! Eine Entwicklung ist ein Schicksal; 10.1

Be that as it may! A development is a destiny;

und wie sollte nicht diejenige anders verlaufen, die 10.2
von der Teilnahme, dem Massenzutrauen einer
weiten Öffentlichkeit begleitet wird, als jene, die
sich ohne den Glanz und die Verbindlichkeiten des
Ruhmes vollzieht?

and how could it not be different if it is accompanied by the
participation and mass confidence of a broad public than if
it takes place without the glamor and obligations of fame?

36

10.3 Nur ewiges Zigeunertum findet es langweilig und ist zu spotten geneigt, wenn ein großes Talent dem libertinischen Puppenstande entwächst, die Würde des Geistes ausdrucksvoll wahrzunehmen sich gewöhnt und die Hofsitten einer Einsamkeit annimmt, die voll unberatener, hart selbständiger Leiden und Kämpfe war und es zu Macht und Ehren unter den Menschen brachte.

Only eternal gypsyism finds it boring and is inclined to mock when a great talent grows out of the libertine puppet state, becomes accustomed to expressively perceiving the dignity of the spirit and adopts the court manners of a solitude that was full of unadvised, hard independent suffering and struggles and brought it to power and honor among men.

10.4 Wieviel Spiel, Trotz, Genuß ist übrigens in der Selbstgestaltung des Talentes!

How much play, defiance and enjoyment there is in the self-creation of talent!

10.5 Etwas Amtlich-Erzieherisches trat mit der Zeit in Gustav Aschenbachs Vorführungen ein, sein Stil entriet in späteren Jahren der unmittelbaren Kühnheiten, der subtilen und neuen Abschattungen, er wandelte sich ins Mustergültig-Feststehende, Geschliffen-Herkömmliche, Erhaltende, Formelle, selbst Formelhafte, und wie die Überlieferung es von Ludwig dem Vierzehnten wissen will, so verbannte der Alternde aus seiner Sprachweise jedes gemeine Wort:

Over time, something official and educational entered Gustav Aschenbach's performances; in later years, his style lost its direct boldness, its subtle and new shadings, it changed into the exemplary, solid, polished, conventional, preserving, formal, even formulaic, and, as tradition would have it from Louis the Fourteenth, the aging man banished every common word from his language:

37

Damals geschah es, daß die Unterrichtsbehörde ausgewählte Seiten von ihm in die vorgeschriebenen Schullesebücher übernahm.

10.6

At that time it happened that the education authorities took over selected pages from him into the prescribed school reading books.

Es war ihm innerlich gemäß, und er lehnte nicht ab, als ein deutscher Fürst, soeben zum Throne gelangt, dem Dichter des

10.7

It suited him inwardly, and he did not refuse when a German prince, who had just ascended to the throne, conferred personal nobility on the poet of

»Friedrich«

10.8

"Friedrich"

zu seinem fünfzigsten Geburtstag den persönlichen Adel verlieh.

10.9

on his fiftieth birthday.

Nach einigen Jahren der Unruhe, einigen Versuchsaufenthalten da und dort wählte er frühzeitig München zum dauernden Wohnsitz und lebte dort in bürgerlichem Ehrenstande, wie er dem Geiste in besonderen Einzelfällen zuteil wird.

11.1

After a few years of restlessness and a few experimental stays here and there, he chose Munich as his permanent residence at an early stage and lived there in the kind of honorary bourgeois status that is bestowed on the spirit in special individual cases.

11.2 **Die Ehe, die er in noch jugendlichem Alter mit einem Mädchen aus gelehrter Familie eingegangen, wurde nach kurzer Glücksfrist durch den Tod getrennt.**

The marriage, which he entered into at a young age with a girl from a learned family, was dissolved by death after a short period of happiness.

11.3 **Eine Tochter, schon Gattin, war ihm geblieben.**

He was left with a daughter, already his wife.

11.4 **Einen Sohn hatte er nie besessen.**

He had never had a son.

12.1 **Gustav von Aschenbach war ein wenig unter Mittelgröße, brünett, rasiert.**

Gustav von Aschenbach was a little below average height, brunette, shaved.

12.2 **Sein Kopf erschien ein wenig zu groß im Verhältnis zu der fast zierlichen Gestalt.**

His head seemed a little too large in relation to his almost petite figure.

12.3 **Sein rückwärts gebürstetes Haar, am Scheitel gelichtet, an den Schläfen sehr voll und stark ergraut, umrahmte eine hohe, zerklüftete und gleichsam narbige Stirn.**

His backward-brushed hair, thinned at the crown, very full and graying at the temples, framed a high, craggy and almost scarred forehead.

12.4 **Der Bügel einer Goldbrille mit randlosen Gläsern schnitt in die Wurzel der gedrungenen,**

The temple of a pair of gold-rimmed glasses cut into the root of the squat,

edel gebogenen Nase ein. 12.5

elegantly curved nose.

Der Mund war groß, oft schlaff, oft plötzlich schmal 12.6
und gespannt;

The mouth was large, often slack, often suddenly narrow
and taut;

die Wangenpartie mager und gefurcht, 12.7

the cheeks lean and furrowed,

das wohlausgebildete Kinn weich gespalten. 12.8

the well-formed chin softly cleft.

Bedeutende Schicksale schienen über dies meist 12.9
leidend seitwärts geneigte Haupt hinweggegangen
zu sein, und doch war die Kunst es gewesen, die hier
jene physiognomische Durchbildung übernommen
hatte, welche sonst das Werk eines schweren,
bewegten Lebens ist.

Significant destinies seemed to have passed over this head,
which was usually tilted sideways in suffering, and yet it
was art that had taken over the physiognomic shaping here,
which is otherwise the work of a difficult, eventful life.

Hinter dieser Stirn waren die blitzenden Repliken des 12.10
Gesprächs zwischen Voltaire und dem Könige über
den Krieg geboren;

Behind this forehead were born the flashing replicas of the
conversation between Voltaire and the King about the war;

diese Augen, müde und tief durch die Gläser 12.11
blickend, hatten das blutige Inferno der Lazarette
des Siebenjährigen Krieges gesehen.

these eyes, looking wearily and deeply through the glasses,
had seen the bloody inferno of the military hospitals of the
Seven Years' War.

12.12 **Auch persönlich genommen ist ja die Kunst ein erhöhtes Leben.**

Taken personally, art is also an elevated life.

12.13 **Sie beglückt tiefer, sie verzehrt rascher.**

It delights more deeply, it consumes more quickly.

12.14 **Sie gräbt in das Antlitz ihres Dieners die Spuren imaginärer und geistiger Abenteuer, und sie erzeugt, selbst bei klösterlicher Stille des äußeren Daseins, auf die Dauer eine Verwöhntheit, Überfeinerung, Müdigkeit und Neugier der Nerven, wie ein Leben voll ausschweifendster Leidenschaften und Genüsse sie kaum hervorzubringen vermag.**

It engraves the traces of imaginary and spiritual adventures on the face of its servant, and in the long run, even in the monastic tranquillity of external existence, it produces an indulgence, over-refinement, weariness and curiosity of the nerves that a life full of the most extravagant passions and pleasures can hardly produce.

Drittes Kapitel
Third Chapter

1.1 Mehrere Geschäfte weltlicher und literarischer Natur hielten den Reiselustigen noch etwa zwei Wochen nach jenem Spaziergang in München zurück.

Several business matters of a secular and literary nature kept the travel enthusiast in Munich for about two weeks after that walk.

1.2 Er gab endlich Auftrag, sein Landhaus binnen vier Wochen zum Einzuge instandzusetzen und reiste an einem Tage zwischen Mitte und Ende des Mai mit dem Nachtzuge nach Triest, wo er nur vierundzwanzig Stunden verweilte und sich am nächstfolgenden Morgen nach Pola einschiffte.

He finally gave orders to have his country house ready for his arrival within four weeks and traveled by night train to Trieste on a day between the middle and end of May, where he stayed for only twenty-four hours and embarked for Pola the next morning.

Was er suchte, war das Fremdartige und Bezuglose, 1.3
welches jedoch rasch zu erreichen wäre, und
so nahm er Aufenthalt auf einer seit einigen
Jahren gerühmten Insel der Adria, unfern der
istrischen Küste gelegen, mit farbig zerlumptem,
in wildfremden Lauten redendem Landvolk und
schön zerrissenen Klippenpartien dort, wo das Meer
offen war.

What he was looking for was something strange and
unfamiliar, but which could be reached quickly, and so he
stayed on an island in the Adriatic, which had been famous
for several years, not far from the Istrian coast, with
colorful, ragged country folk talking in wildly unfamiliar
tongues and beautifully torn cliffs where the sea was open.

Allein Regen und schwere Luft, eine kleinweltliche, 1.4
geschlossen österreichische Hotelgesellschaft und
der Mangel jenes ruhevoll innigen Verhältnisses zum
Meere, das nur ein sanfter, sandiger Strand gewährt,
verdrossen ihn, ließen ihn nicht das Bewußtsein
gewinnen, den Ort seiner Bestimmung getroffen zu
haben;

Only the rain and heavy air, a small-worldly, closed
Austrian hotel society and the lack of that peaceful,
intimate relationship with the sea that only a gentle, sandy
beach can provide made him feel disconcerted, did not
allow him to gain the awareness that he had reached the
place of his destination;

1.5 ein Zug seines Innern, ihm war noch nicht deutlich, wohin, beunruhigte ihn, er studierte Schiffsverbindungen, er blickte suchend umher, und auf einmal, zugleich überraschend und selbstverständlich, stand ihm sein Ziel vor Augen.

a pull from within, it was not yet clear to him where he was going, disturbed him, he studied ship connections, he looked around searching, and suddenly, surprisingly and naturally at the same time, his destination stood before his eyes.

1.6 Wenn man über Nacht das Unvergleichliche, das märchenhaft Abweichende zu erreichen wünschte, wohin ging man?

If you wanted to reach the incomparable, the fabulously different overnight, where did you go?

1.7 Aber das war klar. Was sollte er hier?

But that was clear. What was he doing here?

1.8 Er war fehlgegangen. Dorthin hatte er reisen wollen.

He had made a mistake. That was where he had wanted to go.

1.9 Er säumte nicht, den irrigen Aufenthalt zu kündigen.

He did not fail to cancel his erroneous stay.

Anderthalb Wochen nach seiner Ankunft auf der 1.10
Insel trug ein geschwindes Motorboot ihn und sein
Gepäck in dunstiger Frühe über die Wasser in den
Kriegshafen zurück, und er ging dort nur an Land,
um sogleich über einen Brettersteg das feuchte
Verdeck eines Schiffes zu beschreiten, das unter
Dampf zur Fahrt nach Venedig lag.

A week and a half after his arrival on the island, a swift
motorboat carried him and his luggage back across the
water to the port of war in the misty early morning, and he
went ashore there only to immediately step over a wooden
gangplank onto the damp deck of a ship that was under
steam bound for Venice.

Es war ein betagtes Fahrzeug italienischer 2.1
Nationalität, veraltet, rußig und düster.

It was an aged vessel of Italian nationality, outdated, sooty
and gloomy.

2.2 In einer höhlenartigen, künstlich erleuchteten Koje des inneren Raumes, wohin Aschenbach sofort nach Betreten des Schiffes von einem buckligen und unreinlichen Matrosen mit grinsender Höflichkeit genötigt wurde, saß hinter einem Tische, den Hut schief in der Stirn und einen Zigarettenstummel im Mundwinkel, ein ziegenbärtiger Mann von der Physiognomie eines altmodischen Zirkusdirektors, der mit grimassenhaft leichtem Geschäftsgebaren die Personalien der Reisenden aufnahm und ihnen die Fahrscheine ausstellte.

In a cavernous, artificially lit bunk in the inner room, where Aschenbach was forced to sit with grinning politeness by a hunchbacked and unclean sailor as soon as he boarded the ship, behind a table, his hat askew on his forehead and a cigarette stub in the corner of his mouth, sat a goat-bearded man with the physiognomy of an old-fashioned circus ringmaster, who took the passengers' personal details and issued their tickets with a grimacing, easy business manner.

2.3 »Nach Venedig!« wiederholte er Aschenbachs Ansuchen,

"To Venice!" he repeated Aschenbach's request,

2.4 indem er den Arm reckte und die Feder in den breiigen Restinhalt eines schräg geneigten Tintenfasses stieß.

stretching his arm and thrusting his pen into the pulpy contents of an inkwell tilted at an angle.

2.5 »Nach Venedig erster Klasse! Sie sind bedient, mein Herr!«

"To Venice first class! You are served, my lord!"

Und er schrieb große Krähenfüße, streute aus einer Büchse blauen Sand auf die Schrift, ließ ihn in eine tönerne Schale ablaufen, faltete das Papier mit gelben und knochigen Fingern und schrieb aufs neue.

2.6

And he wrote large crow's feet, sprinkled blue sand from a tin on the writing, let it run off into a clay bowl, folded the paper with yellow and bony fingers and wrote again.

»Ein glücklich gewähltes Reiseziel!«

2.7

"A happily chosen destination!"

schwatzte er unterdessen. »Ah, Venedig!

2.8

he chattered in the meantime. "Ah, Venice!

Eine herrliche Stadt!

2.9

A wonderful city!

Eine Stadt von unwiderstehlicher Anziehungskraft für den Gebildeten,

2.10

A city of irresistible attraction for the educated,

ihrer Geschichte sowohl wie ihrer gegenwärtigen Reize wegen!«

2.11

because of its history as well as its present charms!"

Die glatte Raschheit seiner Bewegungen und das leere Gerede, womit er sie begleitete, hatten etwas Betäubendes und Ablenkendes, etwa als besorgte er, der Reisende möchte in seinem Entschluß, nach Venedig zu fahren, noch wankend werden.

2.12

The smooth swiftness of his movements and the idle chatter with which he accompanied them had something stupefying and distracting about them, as if he worried that the traveler might waver in his decision to go to Venice.

2.13 **Er kassierte eilig und ließ mit Croupiergewandtheit den Differenzbetrag auf den fleckigen Tuchbezug des Tisches fallen.**

He hurriedly collected the money and, with the skill of a croupier, dropped the difference on the stained cloth covering of the table.

2.14 **»Gute Unterhaltung, mein Herr!«**

"Good entertainment, sir!"

2.15 **sagte er mit schauspielerischer Verbeugung.**

he said with an actor's bow.

2.16 **»Es ist mir eine Ehre, Sie zu befördern ...Meine Herren!«**

"It's an honor to be able to transport you ...Gentlemen!"

2.17 **rief er sogleich mit erhobenem Arm und tat, als sei das Geschäft im flottesten Gange, obgleich niemand mehr da war, der nach Abfertigung verlangt hätte.**

he called out immediately, raising his arm and acting as if the business was in full swing, even though there was no one left to ask for check-in.

2.18 **Aschenbach kehrte auf das Verdeck zurück.**

Aschenbach returned to the deck.

3.1 **Einen Arm auf die Brüstung gelehnt, betrachtete er das müßige Volk, das, der Abfahrt des Schiffes beizuwohnen, am Quai lungerte, und die Passagiere an Bord.**

Leaning one arm on the parapet, he looked at the idle people loitering on the quay to watch the ship's departure, and at the passengers on board.

Diejenigen der zweiten Klasse kauerten, Männer und
Weiber, auf dem Vorderdeck, indem sie Kisten und
Bündel als Sitze benutzten.

Those in second class, men and women, huddled on the
foredeck, using crates and bundles as seats.

Eine Gruppe junger Leute bildete die
Reisegesellschaft des ersten Verdecks, Polenser
Handelsgehülfen, wie es schien, die sich in
angeregter Laune zu einem Ausflug nach Italien
vereinigt hatten.

A group of young people formed the traveling party on the
first deck, Polish merchant traders, it seemed, who had
joined together in a lively mood for an excursion to Italy.

Sie machten nicht wenig Aufhebens von sich und
ihrem Unternehmen, schwatzten, lachten, genossen
selbstgefällig das eigene Gebärdenspiel und riefen
den Kameraden, die, Portefeuilles unterm Arm, in
Geschäften die Hafenstraße entlang gingen und den
Feiernden mit dem Stöckchen drohten, über das
Geländer gebeugt, zungengeläufige Spottreden nach.

They made no little fuss about themselves and their
company, chatting, laughing, complacently enjoying their
own gesticulation and shouting tongue-twisting taunts at
their comrades, who, portfolios under their arms, were
walking along the harbor street in stores and threatening
the revelers with sticks, leaning over the railing.

Einer, in hellgelbem, übermodisch geschnittenem
Sommeranzug, roter Krawatte und kühn
aufgebogenem Panama, tat sich mit krähender
Stimme an Aufgeräumtheit vor allen andern hervor.

One of them, in a bright yellow, over-fashionally cut
summer suit, red tie and boldly bent Panama, stood out
from all the others with his crowing voice of tidiness.

3.6 **Kaum aber hatte Aschenbach ihn genauer ins Auge gefaßt, als er mit einer Art von Entsetzen erkannte, daß der Jüngling falsch war.**

But Aschenbach had hardly taken a closer look at him when he realized with a kind of horror that the young man was wrong.

3.7 **Er war alt, man konnte nicht zweifeln.**

He was old, one could not doubt it.

3.8 **Runzeln umgaben ihm Augen und Mund.**

Wrinkles surrounded his eyes and mouth.

3.9 **Das matte Karmesin der Wangen war Schminke, das braune Haar unter dem farbig umwundenen Strohhut Perücke, sein Hals verfallen und sehnig, sein aufgesetztes Schnurrbärtchen und die Fliege am Kinn gefärbt, sein gelbes und vollzähliges Gebiß, das er lachend zeigte, ein billiger Ersatz, und seine Hände, mit Siegelringen an beiden Zeigefingern, waren die eines Greises.**

The dull crimson of his cheeks was make-up, the brown hair under his colorful straw hat was a wig, his neck was decayed and sinewy, his mustache and the bow tie on his chin were stained, his yellow and full set of teeth, which he showed with a laugh, were a cheap substitute, and his hands, with signet rings on both index fingers, were those of an old man.

3.10 **Schauerlich angemutet sah Aschenbach ihm und seiner Gemeinschaft mit den Freunden zu.**

Aschenbach watched him and his company of friends with a shudder.

Wußten, bemerkten sie nicht, daß er alt war, daß 3.11
er zu Unrecht ihre stutzerhafte und bunte Kleidung
trug, zu Unrecht einen der Ihren spielte?

Did they not know, did they not notice, that he was old,
that he was wrongly wearing their dandyish and colorful
clothes, wrongly playing one of their own?

Selbstverständlich und gewohnheitsmäßig, wie es 3.12
schien, duldeten sie ihn in ihrer Mitte, behandelten
ihn als ihresgleichen, erwiderten ohne Abscheu seine
neckischen Rippenstöße.

Naturally and habitually, as it seemed, they tolerated him
in their midst, treated him as their equal, returned his
teasing ribbing without disgust.

Wie ging das zu? 3.13

How did that happen?

Aschenbach bedeckte seine Stirn mit der Hand und 3.14
schloß die Augen, die heiß waren, da er zu wenig
geschlafen hatte.

Aschenbach covered his forehead with his hand and closed
his eyes, which were hot because he had slept too little.

Ihm war, als lasse nicht alles sich ganz gewöhnlich 3.15
an, als beginne eine träumerische Entfremdung,
eine Entstellung der Welt ins Sonderbare um sich zu
greifen, der vielleicht Einhalt zu tun wäre, wenn er
sein Gesicht ein wenig verdunkelte und aufs neue um
sich schaute.

He felt as if everything did not seem quite normal, as if a
dreamy alienation, a distortion of the world into something
strange was beginning to take hold, which could perhaps
be stopped if he darkened his face a little and looked around
him again.

3.16 In diesem Augenblick jedoch berührte ihn das Gefühl des Schwimmens, und mit unvernünftigem Erschrecken aufsehend, gewahrte er, daß der schwere und düstere Körper des Schiffes sich langsam vom gemauerten Ufer löste.

At this moment, however, he was touched by the sensation of floating, and, looking up with unreasonable fright, he saw that the heavy and gloomy body of the ship was slowly detaching itself from the walled shore.

3.17 Zollweise, unter dem Vorwärts-und Rückwärtsarbeiten der Maschine, verbreitete sich der Streifen schmutzig schillernden Wassers zwischen Quai und Schiffswand, und nach schwerfälligen Manövern kehrte der Dampfer seinen Bugspriet dem offenen Meere zu.

Inch by inch, with the engine working backwards and forwards, the strip of dirty, shimmering water spread between the quay and the ship's side, and after ponderous maneuvers the steamer turned her bowsprit towards the open sea.

3.18 Aschenbach ging nach der Steuerbordseite hinüber,

Aschenbach went over to the starboard side,

3.19 wo der Bucklige ihm einen Liegestuhl aufgeschlagen hatte und ein Steward in fleckigem Frack nach seinen Befehlen fragte.

where the hunchback had set up a deck chair for him and a steward in a stained tailcoat was asking for his orders.

4.1 Der Himmel war grau, der Wind feucht;

The sky was gray, the wind damp;

4.2 Hafen und Inseln waren zurückgeblieben,

the harbor and islands had been left behind,

und rasch verlor sich aus dem dunstigen
Gesichtskreise alles Land.

4.3

and quickly all land was lost from the hazy circle of vision.

Flocken von Kohlenstaub gingen, gedunsen von
Nässe, auf das gewaschene Deck nieder, das nicht
trocknen wollte.

4.4

Flakes of coal dust, dampened by moisture, fell onto the
washed deck, which refused to dry.

Schon nach einer Stunde spannte man ein Segeldach
aus,

4.5

After only an hour,

da es zu regnen begann.

4.6

a canvas roof was stretched out as it began to rain.

In seinen Mantel geschlossen, ein Buch im Schoße,
ruhte der Reisende, und die Stunden verrannen ihm
unversehens.

5.1

Wrapped in his coat, a book in his lap, the traveler rested,
and the hours passed by unawares.

Es hatte zu regnen aufgehört; man entfernte das
leinene Dach.

5.2

It had stopped raining; the canvas roof was removed.

Der Horizont war vollkommen.

5.3

The horizon was perfect.

Unter der breiten Kuppel des Himmels dehnte sich
rings die ungeheure Scheibe des öden Meeres;

5.4

Beneath the broad dome of the sky stretched the immense
disc of the barren sea;

5.5 aber im leeren, ungegliederten Raume fehlt unserem Sinn auch das Maß der Zeit, und wir dämmern im Ungemessenen.

but in empty, unstructured space our sense also lacks the measure of time, and we dawn in the unmeasured.

5.6 Schattenhaft sonderbare Gestalten, der greise Geck, der Ziegenbart aus dem Schiffsinnern, gingen mit unbestimmten Gebärden, mit verwirrten Traumworten durch den Geist des Ruhenden, und er schlief ein.

Shadowy, strange figures, the old fop, the goat's beard from the interior of the ship, passed through the mind of the resting man with vague gestures, with confused dream words, and he fell asleep.

6.1 Um Mittag nötigte man ihn hinab, damit er in dem korridorartigen Speisesaal, auf den die Türen der Schlafkojen mündeten, zu Häupten eines langen Tisches, an dessen unterem Ende die Handelsgehülfen, einschließlich des Alten, seit zehn Uhr mit dem munteren Kapitän pokulierten, die bestellte Mahlzeit nähme.

At midday he was forced down to eat the meal he had ordered in the corridor-like dining room, onto which the doors of the sleeping berths opened, at the head of a long table at the lower end of which the merchant's assistants, including the old man, had been playing poker with the cheerful captain since ten o'clock.

6.2 Sie war armselig, und er beendete sie rasch.

It was poor, and he finished it quickly.

6.3 Es trieb ihn ins Freie,

He was driven outside to look at the sky,

nach dem Himmel zu sehen: ob er denn nicht über Venedig sich erhellen wollte.   6.4

to see if it was not brightening over Venice.

Er hatte nicht anders gedacht, als daß dies geschehen müsse, denn stets hatte die Stadt ihn im Glanze empfangen.   7.1

He had not thought otherwise than that this must happen, for the city had always welcomed him in splendor.

Aber Himmel und Meer blieben trüb und bleiern, zeitweilig ging neblichter Regen nieder, und er fand sich darein, auf dem Wasserwege ein anderes Venedig zu erreichen, als er, zu Lande sich nähernd, je angetroffen hatte.   7.2

But the sky and sea remained cloudy and leaden, intermittent misty rain fell, and he found himself reaching a different Venice by water than he had ever encountered on land.

Er stand am Fockmast, den Blick im Weiten, das Land erwartend.   7.3

He stood at the foremast, his eyes on the horizon, awaiting land.

7.4 Er gedachte des schwermütig-enthusiastischen Dichters, dem vormals die Kuppeln und Glockentürme seines Traumes aus diesen Fluten gestiegen waren, er wiederholte im Stillen einiges von dem, was damals an Ehrfurcht, Glück und Trauer zu maßvollem Gesange geworden, und von schon gestalteter Empfindung mühelos bewegt, prüfte er sein ernstes und müdes Herz, ob eine erneuernde Begeisterung und Verwirrung, ein spätes Abenteuer des Gefühles dem fahrenden Müßiggänger vielleicht noch vorbehalten sein könne.

He thought of the melancholy, enthusiastic poet for whom the domes and bell-towers of his dream had once risen from these waters, he silently repeated some of the awe, happiness and sorrow that had then become a measured song, and, moved effortlessly by already formed feelings, he examined his serious and weary heart to see whether a renewing enthusiasm and confusion, a late adventure of feeling could perhaps still be reserved for the traveling idler.

8.1 Da tauchte zur Rechten die flache Küste auf, Fischerboote belebten das Meer, die Bäderinsel erschien, der Dampfer ließ sie zur Linken, glitt verlangsamten Ganges durch den schmalen Port, der nach ihr benannt ist, und auf der Lagune, angesichts bunt armseliger Behausungen hielt er ganz, da die Barke des Sanitätsdienstes erwartet werden mußte.

Then the shallow coast appeared on the right, fishing boats enlivened the sea, the bathing island appeared, the steamer left it on the left, glided slowly through the narrow port named after it, and on the lagoon, in view of colorful poor dwellings, it stopped completely, as the barque of the medical service had to be expected.

9.1 Eine Stunde verging, bis sie erschien.

An hour passed before she appeared.

57

Man war angekommen und war es nicht; 9.2

They had arrived and were not;

man hatte keine Eile und fühlte sich doch von 9.3
Ungeduld getrieben.

they were in no hurry and yet felt impatient.

Die jungen Polenser, patriotisch angezogen auch 9.4
wohl von den militärischen Hornsignalen, die aus der
Gegend der öffentlichen Gärten her über das Wasser
klangen, waren auf Deck gekommen, und, vom Asti
begeistert, brachten sie Lebehochs auf die drüben
exerzierenden Bersaglieri aus.

The young Poles, patriotically attracted by the military
bugle calls that sounded across the water from the area of
the public gardens, had come on deck and, excited by the
Asti, they raised a cheer to the Bersaglieri parading over
there.

Aber widerlich war es zu sehen, in welchen 9.5
Zustand den aufgestutzten Greisen seine falsche
Gemeinschaft mit der Jugend gebracht hatte.

But it was disgusting to see the state to which the old man's
false association with youth had brought him.

Sein altes Hirn hatte dem Weine nicht wie die 9.6
jugendlich rüstigen Stand zu halten vermocht,

His old brain had not been able to withstand the wine like
the youthful,

er war kläglich betrunken. 9.7

sprightly ones; he was miserably drunk.

9.8 Verblödeten Blicks, eine Zigarette zwischen den zitternden Fingern, schwankte er, mühsam das Gleichgewicht haltend, auf der Stelle, vom Rausche vorwärts und rückwärts gezogen.

With a stupefied look, a cigarette between his trembling fingers, he swayed on the spot, struggling to keep his balance, pulled forwards and backwards by the intoxication.

9.9 Da er beim ersten Schritte gefallen wäre, getraute er sich nicht vom Fleck, doch zeigte er einen jammervollen Übermut, hielt jeden, der sich ihm näherte, am Knopfe fest, lallte, zwinkerte, kicherte, hob seinen beringten, runzeligen Zeigefinger zu alberner Neckerei und leckte auf abscheulich zweideutige Art mit der Zungenspitze die Mundwinkel.

As he would have fallen at the first step, he didn't dare to move, but he showed a miserable cockiness, holding anyone who approached him by the button, slurring his words, winking, giggling, raising his ringed, wrinkled index finger in silly teasing and licking the corners of his mouth with the tip of his tongue in a disgustingly ambiguous manner.

9.10 Aschenbach sah ihm mit finsteren Brauen zu, und wiederum kam ein Gefühl von Benommenheit ihn an, so, als zeige die Welt eine leichte, doch nicht zu hemmende Neigung, sich ins Sonderbare und Fratzenhafte zu entstellen;

Aschenbach watched him with frowning brows, and again a feeling of stupefaction came over him, as if the world showed a slight, yet unstoppable tendency to distort itself into the strange and grimacing;

ein Gefühl, dem nachzuhängen freilich die Umstände   9.11
ihn abhielten, da eben die stampfende Tätigkeit der
Maschine aufs neue begann und das Schiff seine so
nah dem Ziel unterbrochene Fahrt durch den Kanal
von San Marco wieder aufnahm.

a feeling which, of course, the circumstances prevented
him from indulging in, since the pounding activity of the
engine had just begun anew and the ship was resuming
its journey through the San Marco Canal, which had been
interrupted so close to its destination.

So sah er ihn denn wieder, den erstaunlichsten   9.12
Landungsplatz, jene blendende Komposition
phantastischen Bauwerks, welche die Republik
den ehrfürchtigen Blicken nahender Seefahrer
entgegenstellte:

And so he saw it again, the most astonishing landing-
place, that dazzling composition of fantastic architecture
which the Republic presented to the awe-struck gaze of
approaching sailors:

9.13 die leichte Herrlichkeit des Palastes und die Seufzerbrücke, die Säulen mit Löw' und Heiligem am Ufer, die prunkend vortretende Flanke des Märchentempels, den Durchblick auf Torweg und Riesenuhr, und anschauend bedachte er, daß zu Lande, auf dem Bahnhof in Venedig anlangen, einen Palast durch eine Hintertür betreten heiße, und daß man nicht anders als wie nun er, als zu Schiffe, als über das hohe Meer die unwahrscheinlichste der Städte erreichen sollte.

the light splendor of the palace and the Bridge of Sighs, the columns with lions and saints on the shore, the splendidly protruding flank of the fairy-tale temple, the view of the gateway and the giant clock, and looking at it he considered that to arrive on land at the station in Venice meant entering a palace through a back door, and that one should not reach the most improbable of cities other than by ship, as he now did, than by crossing the high sea.

10.1 Die Maschine stoppte, Gondeln drängten herzu, die Fallreepstreppe ward herabgelassen, Zollbeamte stiegen an Bord und walteten obenhin ihres Amtes;

The machine stopped, gondolas crowded in, the trapdoor steps were lowered, customs officials climbed aboard and did their duty upstairs;

10.2 die Ausschiffung konnte beginnen.

disembarkation could begin.

Aschenbach gab zu verstehen, daß er eine Gondel
wünsche, die ihn und sein Gepäck zur Station jener
kleinen Dampfer bringen solle, welche zwischen der
Stadt und dem Lido verkehren; denn er gedachte am
Meere Wohnung zu nehmen.

10.3

Aschenbach made it clear that he wanted a gondola to take
him and his luggage to the station of the small steamers
that ran between the city and the Lido, as he intended to
take up residence by the sea.

Man billigt sein Vorhaben, man schreit seinen
Wunsch zur Wasserfläche hinab, wo die
Gondelführer im Dialekt mit einander zanken.

10.4

His plan was approved and his wish was shouted down to
the water's edge, where the gondola drivers bickered with
each other in dialect.

Er ist noch gehindert, hinabzusteigen, sein Koffer
hindert ihn, der eben mit Mühsal die leiterartige
Treppe hinunter gezerrt und geschleppt wird.

10.5

He is still prevented from descending, hindered by his
suitcase, which is being laboriously dragged down the
ladder-like stairs.

So sieht er sich minutenlang außerstande, den
Zudringlichkeiten des schauderhaften Alten zu
entkommen, den die Trunkenheit dunkel antreibt,
dem Fremden Abschiedshonneurs zu machen.

10.6

For several minutes he finds himself unable to escape the
advances of the ghastly old man, whose drunkenness drives
him darkly to bid the stranger farewell.

»Wir wünschen den glücklichsten Aufenthalt«,
meckert er unter Kratzfüßen.

10.7

"We wish you the happiest of stays," he grumbles,
scratching his feet.

10.8 »Man empfiehlt sich geneigter Erinnerung!

"You are kindly remembered!

10.9 Au revoir, excusez und bon jour, Euer Exzellenz!«

Au revoir, excusez and bon jour, Your Excellency!"

10.10 Sein Mund wässert, er drückt die Augen ein, er leckt die Mundwinkel, und die gefärbte Bartfliege an seiner Greisenlippe sträubt sich empor.

His mouth waters, he squeezes his eyes shut, he licks the corners of his mouth, and the stained whiskers on his old man's lip bristle up.

10.11 »Unsere Komplimente«, lallt er, zwei Fingerspitzen am Munde, »unsere Komplimente dem Liebchen, dem allerliebsten, dem schönsten Liebchen ...« Und plötzlich fällt ihm das falsche Obergebiß vom Kiefer auf die Unterlippe.

"Our compliments," he slurs, two fingertips to his mouth, "our compliments to the darling, the dearest, the most beautiful darling ..." And suddenly the false upper teeth fall from his jaw onto his lower lip.

10.12 Aschenbach konnte entweichen.

Aschenbach was able to escape.

10.13 »Dem Liebchen, dem feinen Liebchen«, hörte er in girrenden, hohlen und behinderten Lauten in seinem Rücken, während er, am Strickgeländer sich haltend, die Fallreepstreppe hinabklomm.

"To the darling, the fine darling," he heard in cooing, hollow and obstructed tones at his back as he clambered down the portcullis, holding on to the rope railing.

Wer hätte nicht einen flüchtigen Schauder, eine 11.1
geheime Scheu und Beklommenheit zu bekämpfen
gehabt, wenn es zum ersten Male oder nach langer
Entwöhnung galt, eine venezianische Gondel zu
besteigen?

Who wouldn't have had to fight a fleeting shudder, a secret
shyness and trepidation when boarding a Venetian gondola
for the first time or after a long weaning?

Das seltsame Fahrzeug, aus balladesken Zeiten ganz 11.2
unverändert überkommen und so eigentümlich
schwarz, wie sonst unter allen Dingen nur Särge
sind, es erinnert an lautlose und verbrecherische
Abenteuer in plätschernder Nacht, es erinnert noch
mehr an den Tod selbst, an Bahre und düsteres
Begängnis und letzte, schweigsame Fahrt.

The strange vehicle, which has survived unchanged from
ballad times and is as peculiarly black as only coffins
are among all other things, is reminiscent of silent and
criminal adventures in the rippling night; it is even more
reminiscent of death itself, of a bier and gloomy funeral
and a last, silent journey.

Und hat man bemerkt, daß der Sitz einer solchen 11.3
Barke, dieser sargschwarz lackierte, mattschwarz
gepolsterte Armstuhl, der weichste, üppigste, der
erschlaffendste Sitz von der Welt ist?

And has anyone noticed that the seat of such a barge, this
coffin-black lacquered, matt black upholstered armchair,
is the softest, most luxuriant, most relaxing seat in the
world?

11.4 **Aschenbach ward es gewahr, als er zu Füßen des Gondoliers, seinem Gepäck gegenüber, das am Schnabel reinlich beisammen lag, sich niedergelassen hatte.**

Aschenbach realized it when he sat down at the gondolier's feet, opposite his luggage, which was neatly tucked away at his beak.

11.5 **Die Ruderer zankten immer noch, rauh, unverständlich, mit drohenden Gebärden.**

The rowers were still bickering, harshly, incomprehensibly, with threatening gestures.

11.6 **Aber die besondere Stille der Wasserstadt schien ihre Stimmen sanft aufzunehmen, zu entkörpern, über der Flut zu zerstreuen.**

But the special stillness of the water town seemed to gently absorb their voices, to disembody them, to disperse them above the tide.

11.7 **Es war warm hier im Hafen.**

It was warm here in the harbor.

11.8 **Lau angerührt vom Hauch des Scirocco, auf dem nachgiebigen Element in Kissen gelehnt, schloß der Reisende die Augen im Genuß einer so ungewohnten als süßen Lässigkeit.**

Lulled by the breeze of the Scirocco, leaning back in cushions on the yielding element, the traveler closed his eyes in the pleasure of a nonchalance as unusual as it was sweet.

11.9 **Die Fahrt wird kurz sein, dachte er; möchte sie immer währen!**

The journey will be short, he thought; may it last forever!

In leisem Schwanken fühlte er sich dem Gedränge, 11.10
dem Stimmengewirr entgleiten.
Swaying softly, he felt himself slipping away from the
crowd, the babble of voices.

Wie still und stiller es um ihn wurde! 12.1
How still and quiet it became around him!

Nichts war zu vernehmen als das Plätschern des 12.2
Ruders, das hohle Aufschlagen der Wellen gegen
den Schnabel der Barke, der steil, schwarz und
an der Spitze hellebardenartig bewehrt über dem
Wasser stand und noch ein Drittes, ein Reden, ein
Raunen, — das Flüstern des Gondoliers, der zwischen
den Zähnen, stoßweise, in Lauten, die von der Arbeit
seiner Arme gepreßt waren, zu sich selber sprach.
Nothing could be heard but the splashing of the rudder,
the hollow thud of the waves against the barque's beak,
which stood steep, black, and at the tip, armed like a
halberd, above the water, and a third thing, a talking, a
murmuring, — the whispering of the gondolier, who spoke
to himself between his teeth, intermittently, in sounds
pressed by the labor of his arms.

Aschenbach blickte auf, und mit leichter Befremdung 12.3
gewahrte er, daß um ihn her die Lagune sich weitete
und seine Fahrt dem offenen Meere zugekehrt war.
Aschenbach looked up, and with a slight surprise realized
that the lagoon was widening around him, and that his
voyage was turned towards the open sea.

Es schien folglich, daß er nicht allzu sehr ruhen 12.4
dürfe, sondern auf den Vollzug seines Willens ein
wenig bedacht sein müsse.
It seemed, therefore, that he must not rest too much, but
must be a little anxious to carry out his will.

13.1 — Zur Dampferstation also!

— To the steam station, then!

13.2 sagte er mit einer halben Wendung rückwärts.

he said with a half-turn backwards.

13.3 Das Raunen verstummte. Er erhielt keine Antwort.

The murmur fell silent. He received no reply.

14.1 — Zur Dampferstation also!

— To the steamer station, then!

14.2 wiederholte er, indem er sich vollends umwandte
und in das Gesicht des Gondoliers emporblickte, der
hinter ihm, auf erhöhtem Borde stehend, vor dem
fahlen Himmel aufragte.

he repeated, turning round completely and looking up into
the face of the gondolier, who stood behind him on a raised
platform against the pale sky.

14.3 Es war ein Mann von ungefälliger, ja brutaler
Physiognomie, seemännisch blau gekleidet, mit
einer gelben Schärpe gegürtet und einen formlosen
Strohhut, dessen Geflecht sich aufzulösen begann,
verwegen schief auf dem Kopfe.

It was a man of disagreeable, even brutal physiognomy,
dressed in nautical blue, girded with a yellow sash, and a
shapeless straw hat, the weave of which was beginning to
unravel, boldly tilted on his head.

14.4 Seine Gesichtsbildung, sein blonder, lockiger
Schnurrbart unter der kurz aufgeworfenen Nase
ließen ihn durchaus nicht italienischen Schlages
erscheinen.

His facial structure, his blond, curly moustache under his
short, upturned nose made him look anything but Italian.

Obgleich eher schmächtig von Leibesbeschaffenheit, so daß man ihn für seinen Beruf nicht sonderlich geschickt geglaubt hätte, führte er das Ruder, bei jedem Schlage den ganzen Körper einsetzend, mit großer Energie. 14.5

Although his physique was rather slight, so that one would not have thought him particularly skilled for his profession, he steered the oar with great energy, using his whole body with every stroke.

Ein paarmal zog er vor Anstrengung die Lippen zurück und entblößte seine weißen Zähne. 14.6

A few times he drew back his lips in exertion and bared his white teeth.

Die rötlichen Brauen gerunzelt, blickte er über den Gast hinweg, indem er bestimmten, fast groben Tones erwiderte: 14.7

His reddish brows furrowed, he looked over his guest and replied in a determined, almost coarse tone:

— Sie fahren zum Lido. 15.1

— They drive to the Lido.

Aschenbach entgegnete: 16.1

Aschenbach replied:

— Allerdings.   — Although.

Aber ich habe die Gondel nur genommen, um mich nach San   But I only took the gondola to get to San

Marco übersetzen zu lassen.   Marco to be translated.

Ich wünsche den Vaporetto zu benutzen.

I wish to use the vaporetto.

18.1 — Sie können den Vaporetto nicht benutzen, mein Herr.

— You can't use the vaporetto, sir.

19.1 — Und warum nicht?

— And why not?

20.1 — Weil der Vaporetto kein Gepäck befördert.

— Because the vaporetto does not carry luggage.

21.1 Das war richtig; Aschenbach erinnerte sich. Er schwieg.

That was right; Aschenbach remembered. He remained silent.

21.2 Aber die schroffe, überhebliche, einem Fremden gegenüber so wenig landesübliche Art des Menschen schien unleidlich.

But the man's brusque, arrogant manner, so unfamiliar to a stranger, seemed unpleasant.

21.3 Er sagte:

He said:

22.1 — Das ist meine Sache.

— That's my business.

22.2 Vielleicht will ich mein Gepäck in Verwahrung geben.

Maybe I want to leave my luggage in safekeeping.

Sie werden umkehren. Er blieb still. Das Ruder
plätscherte,

22.3

They will turn back. He remained silent. The rudder
splashed,

das Wasser schlug dumpf an den Bug.

22.4

the water beat dully against the bow.

Und das Reden und Raunen begann wieder:

22.5

And the talking and murmuring began again:

der Gondolier sprach zwischen den Zähnen mit sich
selbst.

22.6

the gondolier spoke to himself between his teeth.

Was war zu tun?

23.1

What was to be done?

Allein auf der Flut mit dem sonderbar unbotmäßigen,
unheimlich entschlossenen Menschen, sah der
Reisende kein Mittel, seinen Willen durchzusetzen.

23.2

Alone on the tide with the strangely unruly, eerily
determined man, the traveler saw no means of enforcing
his will.

Wie weich er übrigens ruhen durfte, wenn er sich
nicht empörte.

23.3

How softly he was allowed to rest, by the way, if he did not
rebel.

Hatte er nicht gewünscht, daß die Fahrt lange, daß
sie immer dauern möge?

23.4

Had he not wished that the journey might last a long time,
that it might last forever?

23.5 **Es war das Klügste, den Dingen ihren Lauf zu lassen, und es war hauptsächlich höchst angenehm.**

It was wisest to let things take their course, and in the main it was most agreeable.

23.6 **Ein Bann der Trägheit schien auszugehen von seinem Sitz, von diesem niedrigen, schwarzgepolsterten Armstuhl, so sanft gewiegt von den Ruderschlägen des eigenmächtigen Gondoliers in seinem Rücken.**

A spell of inertia seemed to emanate from his seat, from that low, black-upholstered arm-chair, so gently cradled by the strokes of the oars of the high-handed gondolier at his back.

23.7 **Die Vorstellung, einem Verbrecher in die Hände gefallen zu sein, streifte träumerisch Aschenbachs Sinn, — unvermögend, seine Gedanken zu tätiger Abwehr aufzurufen.**

The idea that he had fallen into the hands of a criminal brushed Aschenbach's mind dreamily, unable to summon his thoughts to active defense.

23.8 **Verdrießlicher schien die Möglichkeit, daß alles auf simple Geldschneiderei angelegt sei.**

More vexing seemed the possibility that it was all a simple money-grab.

23.9 **Eine Art Pflichtgefühl oder Stolz, die Erinnerung gleichsam, daß man dem vorbeugen müsse, vermochte ihn, sich noch einmal aufzuraffen.**

A kind of sense of duty or pride, the reminder, as it were, that one must prevent this, was able to rouse him once more.

23.10 **Er fragte:**

He asked:

— Was fordern Sie für die Fahrt?   24.1
— What do you require for the trip?

Und über ihn hinsehend antwortete der Gondolier: 25.1
And looking over him, the gondolier replied:

— Sie werden bezahlen.   26.1
— You will pay.

Es stand fest, was hierauf zurückzugeben war.   27.1
It was clear what was to be returned.

Aschenbach sagte mechanisch: 27.2
Aschenbach said mechanically:

— Ich werde nichts bezahlen, durchaus nichts, wenn   28.1
Sie mich fahren, wohin ich nicht will.
— I won't pay anything, absolutely nothing, if you drive me
somewhere I don't want to go.

— Sie wollen zum Lido.   29.1
— They want to go to the Lido.

— Aber nicht mit Ihnen.   30.1
— But not with you.

— Ich fahre Sie gut.   31.1
— I drive you well.

Das ist wahr, dachte Aschenbach und spannte   32.1
sich ab.
That's true, thought Aschenbach and braced himself.

32.2 **Das ist wahr, du fährst mich gut.**
That's true, you're driving me well.

32.3 **Selbst, wenn du es auf meine Barschaft abgesehen hast und mich hinterrücks mit einem Ruderschlage ins Haus des Aides schickst, wirst du mich gut gefahren haben.**
Even if you were after my cash and sent me back to the Aide's house with a stroke of the oar, you would have driven me well.

32.4 **Allein nichts dergleichen geschah.**
But nothing of the sort happened.

32.5 **Sogar Gesellschaft stellte sich ein, ein Boot mit musikalischen Wegelagerern, Männern und Weibern, die zur Guitarre, zur Mandoline sangen, aufdringlich Bord an Bord mit der Gondel fuhren und die Stille über den Wassern mit ihrer gewinnsüchtigen Fremdenpoesie erfüllten.**
There was even company, a boat with musical highwaymen, men and women, who sang to the guitar, to the mandolin, rode obtrusively aboard the gondola and filled the silence over the water with their acquisitive foreign poetry.

32.6 **Aschenbach warf Geld in den hingehaltenen Hut.**
Aschenbach threw money into the hat he was holding out.

32.7 **Sie schwiegen dann und fuhren davon.**
Then they fell silent and drove off.

32.8 **Und das Flüstern des Gondoliers war wieder wahrnehmbar,**
And the whisper of the gondolier was audible again,

32.9 **der stoßweise und abgerissen mit sich selber sprach.**
talking to himself intermittently and brokenly.

So kam man denn an, 33.1

And so we arrived,

geschaukelt vom Kielwasser eines zur Stadt 33.2
fahrenden Dampfers.

rocked by the wake of a steamer bound for the city.

Zwei Munizipalbeamte, die Hände auf dem Rücken, 33.3
die Gesichter der Lagune zugewandt, gingen am
Ufer auf und ab.

Two municipal officials, their hands behind their backs,
their faces turned towards the lagoon, walked up and down
the shore.

Aschenbach verließ am Stege die Gondel, unterstützt 33.4
von jenem Alten, der an jedem Landungsplatze
Venedigs mit seinem Enterhaken zur Stelle ist;

Aschenbach left the gondola at the jetty, assisted by the old
man who is on hand at every landing-place in Venice with
his grappling-hook;

und da es ihm an kleinerem Gelde fehlte, ging er 33.5
hinüber in das der Dampferbrücke benachbarte
Hotel, um dort zu wechseln und den Ruderer nach
Gutdünken abzulohnen.

and as he was short of small money, he went over to the
hotel adjoining the steamer's bridge to change money and
pay the oarsman as he pleased.

Er wird in der Halle bedient, er kehrt zurück, er 33.6
findet sein Reisegut auf einem Karren am Quai, und
Gondel und Gondolier sind verschwunden.

He is served in the hall, he returns, he finds his luggage
on a cart on the quay, and the gondola and gondolier have
disappeared.

34.1 — Er hat sich fortgemacht, sagte der Alte mit dem Enterhaken.

— He's gone away, said the old man with the grappling hook.

34.2 Ein schlechter Mann, ein Mann ohne Konzession, gnädiger Herr.

A bad man, a man without a license, my lord.

34.3 Er ist der einzige Gondolier, der keine Konzession besitzt.

He's the only gondolier without a license.

34.4 Die andern haben hierher telephoniert.

The others have telephoned here.

34.5 Er sah, daß er erwartet wurde. Da hat er sich fortgemacht.

He saw that he was expected. So he left.

35.1 Aschenbach zuckte die Achseln.

Aschenbach shrugged his shoulders.

— Der Herr ist umsonst gefahren, sagte der Alte und hielt den Hut hin.

— The gentleman drove for nothing, said the old man, holding out his hat.

Aschenbach warf Münzen hinein.

Aschenbach threw coins in.

Er gab Weisung, sein Gepäck ins

He gave instructions to put his luggage in the

Bäder-Hotel zu bringen, und folgte dem Karren durch die Allee, die

the baths hotel, and followed the cart through the avenue that

weißblühende Allee, welche, Tavernen, Bazare, Pensionen zu beiden	white-flowered avenue, which, taverns, bazaars, pensions to both
Seiten, quer über die Insel zum Strande läuft.	sides, across the island to the beach.

Er betrat das weitläufige Hotel von hinten, von der Gartenterrasse aus und begab sich durch die große Halle und die Vorhalle ins Office.

He entered the spacious hotel from the back, from the garden terrace, and made his way through the large hall and the vestibule to the office.

37.1

Da er angemeldet war,

As he was registered,

37.2

wurde er mit dienstfertigem Einverständnis empfangen.

he was greeted with ready acceptance.

37.3

Ein Manager, ein kleiner, leiser, schmeichelnd höflicher Mann mit schwarzem Schnurrbart und in französisch geschnittenem Gehrock, begleitete ihn im Lift zum zweiten Stockwerk hinauf und wies ihm sein Zimmer an, einen angenehmen, in Kirschholz möblierten Raum, den man mit starkduftenden Blumen geschmückt hatte und dessen hohe Fenster die Aussicht aufs offene Meer gewährten.

A manager, a small, soft-spoken, flatteringly polite man with a black moustache and in a French-cut frock coat, accompanied him in the elevator to the second floor and showed him to his room, a pleasant room furnished in cherry wood, decorated with fragrant flowers and with high windows overlooking the open sea.

37.4

37.5 Er trat an eines davon, nachdem der Angestellte sich zurückgezogen, und während man hinter ihm sein Gepäck hereinschaffte und im Zimmer unterbrachte, blickte er hinaus auf den nachmittäglich menschenarmen Strand und die unbesonnte See, die Flutzeit hatte und niedrige, gestreckte Wellen in ruhigem Gleichtakt gegen das Ufer sandte.

He stepped up to one of them after the clerk had withdrawn, and while his luggage was brought in behind him and placed in the room, he gazed out at the beach, which was deserted in the afternoon, and the unsunlit sea, which was at high tide and sent low, stretched waves in calm unison against the shore.

38.1 Die Beobachtungen und Begegnisse des Einsam-Stummen sind zugleich verschwommener und eindringlicher als die des Geselligen, seine Gedanken schwerer, wunderlicher und nie ohne einen Anflug von Traurigkeit.

The observations and encounters of the lonely-mute are both more blurred and more insistent than those of the sociable, his thoughts heavier, more whimsical and never without a touch of sadness.

38.2 Bilder und Wahrnehmungen, die mit einem Blick, einem Lachen, einem Urteilsaustausch leichthin abzutun wären, beschäftigen ihn über Gebühr, vertiefen sich im Schweigen, werden bedeutsam, Erlebnis, Abenteuer, Gefühl.

Images and perceptions that could be easily dismissed with a glance, a laugh, an exchange of judgment, occupy him excessively, deepen in silence, become significant, experiences, adventures, feelings.

Einsamkeit zeitigt das Originale, das gewagt und befremdend Schöne, das Gedicht.

38.3

Loneliness brings forth the original, the daringly and disconcertingly beautiful, the poem.

Einsamkeit zeitigt aber auch das Verkehrte, das Unverhältnismäßige, das Absurde und Unerlaubte.

38.4

But loneliness also brings forth the perverse, the disproportionate, the absurd and the illicit.

— So beunruhigten die Erscheinungen der Herreise, der gräßliche alte Stutzer mit seinem Gefasel vom Liebchen, der verpönte, um seinen Lohn geprellte Gondolier, noch jetzt das Gemüt des Reisenden.

38.5

Thus the apparitions of the journey here, the hideous old dandy with his drivel about his sweetheart, the frowned — upon gondolier who had been cheated of his wages, still disturb the traveler's mind.

Ohne der Vernunft Schwierigkeiten zu bieten, ohne eigentlich Stoff zum Nachdenken zu geben, waren sie dennoch grundsonderbar von Natur, wie es ihm schien, und beunruhigend wohl eben durch diesen Widerspruch.

38.6

Without offering difficulties to reason, without actually giving food for thought, they were nevertheless peculiar in nature, as it seemed to him, and unsettling precisely because of this contradiction.

Dazwischen grüßte er das Meer mit den Augen und empfand Freude,

38.7

In between,

Venedig in so leicht erreichbarer Nahe zu wissen.

38.8

he greeted the sea with his eyes and felt joy at knowing that Venice was so easily accessible.

38.9 **Er wandte sich endlich, badete sein Gesicht, traf gegen das Zimmermädchen einige Anordnungen zur Vervollständigung seiner Bequemlichkeit und ließ sich von dem grün gekleideten Schweizer, der den Lift bediente, ins Erdgeschoß hinunterfahren.**

He finally turned, bathed his face, made some arrangements with the chambermaid to complete his comfort and let the green-clad Swiss man who operated the elevator take him down to the ground floor.

39.1 **Er nahm seinen Tee auf der Terrasse der Seeseite,**

He took his tea on the lakeside terrace,

39.2 **stieg dann hinab und verfolgte den Promenaden-Quai eine gute Strecke in der Richtung auf das Hotel Excelsior.**

then descended and followed the promenade quay a good distance in the direction of the Hotel Excelsior.

39.3 **Als er zurückkehrte, schien es schon an der Zeit, sich zur Abendmahlzeit umzukleiden.**

By the time he returned, it seemed time to change for the evening meal.

39.4 **Er tat es langsam und genau, nach seiner Art, da er bei der Toilette zu arbeiten gewöhnt war, und fand sich trotzdem ein wenig verfrüht in der Halle ein, wo er einen großen Teil der Hotelgäste, fremd untereinander und in gespielter gegenseitiger Teilnahmslosigkeit, aber in der gemeinsamen Erwartung des Essens, versammelt fand.**

He did it slowly and carefully, after his own fashion, as he was used to working at the toilet, and nevertheless found himself a little prematurely in the hall, where he found a large number of the hotel guests, strangers to each other and in feigned mutual indifference, but awaiting the meal together.

Er nahm eine Zeitung vom Tische, ließ sich in einen Ledersessel nieder und betrachtete die Gesellschaft, die sich von derjenigen seines ersten Aufenthaltes in einer ihm angenehmen Weise unterschied. 39.5

He took a newspaper from the table, sat down in a leather armchair and looked at the company, which differed from that of his first stay in a pleasant way.

Ein weiter, duldsam vieles umfassender Horizont tat sich auf. 40.1

A wide, patiently encompassing horizon opened up.

Gedämpft, vermischten sich die Laute der großen Sprachen. 40.2

Muffled, the sounds of the great languages mingled.

Der weltgültige Abendanzug, eine Uniform der Gesittung, faßte äußerlich die Spielarten des Menschlichen zu anständiger Einheit zusammen. 40.3

The worldly evening suit, a uniform of morality, outwardly combined the varieties of humanity into a decent unity.

Man sah die trockene und lange Miene des Amerikaners, die vielgliedrige russische Familie, englische Damen, deutsche Kinder mit französischen Bonnen. 40.4

One saw the dry and long face of the American, the many-limbed Russian family, English ladies, German children with French buns.

Der slavische Bestandteil schien vorzuherrschen. 40.5

The Slavic element seemed to predominate.

Gleich in der Nähe ward polnisch gesprochen. 40.6

Polish was spoken nearby.

41.1 **Es war eine Gruppe halb und kaum Erwachsener,**
It was a group of half-grown and barely grown-ups,

41.2 **unter der Obhut einer Erzieherin oder**
Gesellschafterin um ein Rohrtischchen versammelt:
gathered around a small tubular table under the care of a
governess or companion:

41.3 **drei junge Mädchen, fünfzehn-bis siebzehnjährig,**
wie es schien, und ein langhaariger Knabe von
vielleicht vierzehn Jahren.
three young girls, fifteen to seventeen years old, it seemed,
and a long-haired boy of perhaps fourteen.

41.4 **Mit Erstaunen bemerkte Aschenbach, daß der Knabe**
vollkommen schön war.
Aschenbach was astonished to see that the boy was
perfectly beautiful.

41.5 **Sein Antlitz, — bleich und anmutig verschlossen,**
von honigfarbenem Haar umringelt, mit der
gerade abfallenden Nase, dem lieblichen Munde,
dem Ausdruck von holdem und göttlichem Ernst,
erinnerte an griechische Bildwerke aus edelster Zeit,
und bei reinster Vollendung der Form war es von
so einmalig-persönlichem Reiz, daß der Schauende
weder in Natur noch bildender Kunst etwas ähnlich
Geglücktes angetroffen zu haben glaubte.
His face, pale and gracefully closed, wreathed in honey-
colored hair, with a straight nose, a sweet mouth, and
an expression of gentle and divine earnestness, was
reminiscent of Greek sculptures from the noblest times,
and with the purest perfection of form it was of such
unique personal charm that the observer believed he
had never encountered anything like it in nature or the fine
arts.

Was ferner auffiel, war ein offenbar grundsätzlicher Kontrast zwischen den erzieherischen Gesichtspunkten, nach denen die Geschwister gekleidet und allgemein gehalten schienen.

41.6

What was also noticeable was an apparently fundamental contrast between the educational aspects according to which the siblings seemed to be dressed and generally held.

Die Herrichtung der drei Mädchen, von denen die Älteste für erwachsen gelten konnte, war bis zum Entstellenden herb und keusch.

41.7

The dress of the three girls, the eldest of whom could be considered an adult, was austere and chaste to the point of disfigurement.

Eine gleichmäßig klösterliche Tracht, schieferfarben, halblang, nüchtern und gewollt unkleidsam von Schnitt, mit weißen Fallkrägen als einziger Aufhellung, unterdrückte und verhinderte jede Gefälligkeit der Gestalt.

41.8

A uniformly monastic costume, slate-colored, half-length, sober and deliberately unclad in cut, with white falling collars as the only brightening, suppressed and prevented any pleasantness of form.

Das glatt und fest an den Kopf geklebte Haar ließ die Gesichter nonnenhaft leer und nichtssagend erscheinen.

41.9

The hair, smooth and tightly pinned to the head, made the faces appear nun-like, empty and meaningless.

Gewiß, es war eine Mutter, die hier waltete, und sie dachte nicht einmal daran, auch auf den Knaben die pädagogische Strenge anzuwenden, die ihr den Mädchen gegenüber geboten schien.

41.10

Certainly, it was a mother who ruled here, and she did not even think of applying to the boy the pedagogical strictness that she seemed to have to apply to the girls.

41.11 **Weichheit und Zärtlichkeit bestimmten ersichtlich seine Existenz.**
Softness and tenderness obviously determined his existence.

41.12 **Man hatte sich gehütet, die Schere an sein schönes Haar zu legen;**
They had been careful not to touch his beautiful hair with scissors;

41.13 **wie beim Dornauszieher lockte es sich in die Stirn,**
it curled into his forehead,

41.14 **über die Ohren und tiefer noch in den Nacken.**
over his ears and down his neck like a thorn puller.

41.15 **Ein englisches Matrosenkostüm, dessen bauschige Ärmel sich nach unten verengerten und die feinen Gelenke seiner noch kindlichen, aber schmalen Hände knapp umspannten, verlieh mit seinen Schnüren, Maschen und Stickereien der zarten Gestalt etwas Reiches und Verwöhntes.**
An English sailor's costume, whose puffy sleeves tapered downwards and tightly encircled the fine joints of his still childish but slender hands, lent his delicate figure something rich and pampered with its cords, stitches and embroidery.

Er saß, im Halbprofil gegen den Betrachtenden, 41.16
einen Fuß im schwarzen Lackschuh vor den andern
gestellt, einen Ellenbogen auf die Armlehne seines
Korbsessels gestützt, die Wange an die geschlossene
Hand geschmiegt, in einer Haltung von lässigem
Anstand und ganz ohne die fast untergeordnete
Steifheit, an die seine weiblichen Geschwister
gewöhnt schienen.

He sat facing the observer in half-profile, one foot in the
black patent leather shoe placed in front of the other, one
elbow resting on the arm of his wicker chair, his cheek
nestled against his closed hand, in a posture of casual
decorum and completely without the almost subordinate
stiffness to which his female siblings seemed accustomed.

War er leidend? 41.17

Was he suffering?

Denn die Haut seines Gesichtes stach weiß 41.18
wie Elfenbein gegen das goldige Dunkel der
umrahmenden Locken ab.

For the skin of his face stood out white as ivory against the
golden darkness of his framing curls.

Oder war er einfach ein verzärteltes Vorzugskind, 41.19

Or was he simply a petulant child of privilege,

von parteilicher und launischer Liebe getragen? 41.20

borne along by partial and capricious love?

Aschenbach war geneigt, dies zu glauben. 41.21

Aschenbach was inclined to believe so.

41.22 Fast jedem Künstlernaturell ist ein üppiger und verräterischer Hang eingeboren, Schönheit schaffende Ungerechtigkeit anzuerkennen und aristokratischer Bevorzugung Teilnahme und Huldigung entgegenzubringen.

Almost every artist is born with an exuberant and treacherous tendency to acknowledge beauty-creating injustice and to pay homage to aristocratic favoritism.

42.1 Ein Kellner ging umher und meldete auf englisch, daß die Mahlzeit bereit sei.

A waiter walked around and announced in English that the meal was ready.

42.2 Allmählich verlor sich die Gesellschaft durch die Glastür in den Speisesaal.

Gradually, the company disappeared through the glass door into the dining room.

42.3 Nachzügler, vom Vestibül, von den Lifts kommend, gingen vorüber.

Latecomers from the vestibule and the elevators passed by.

42.4 Man hatte drinnen zu servieren begonnen, aber die jungen Polen verharrten noch um ihr Rohrtischchen, und Aschenbach, in tiefem Sessel behaglich aufgehoben und übrigens das Schöne vor Augen, wartete mit ihnen.

They had begun to be served inside, but the young Poles still lingered around their little tubular table, and Aschenbach, comfortably ensconced in a deep armchair and, incidentally, with the beauty before his eyes, waited with them.

Die Gouvernante, eine kleine und korpulente Halbdame mit rotem

The governess, a small and corpulent half-lady with a red

Gesicht, gab endlich das Zeichen, sich zu erheben.

face, finally gave the signal to stand up.

Mit hochgezogenen

With raised

Brauen schob sie ihren Stuhl zurück und verneigte sich,

Brows furrowed,

als eine große

she pushed back her chair and bowed as a large

Frau, grau-weiß gekleidet und sehr reich mit Perlen geschmückt, die

woman, dressed in gray and white and very richly adorned with pearls, who

Halle betrat. Die Haltung dieser Frau war kühl und gemessen, die

entered the hall. The woman's demeanor was cool and measured, the

Anordnung ihres leicht gepuderten Haares sowohl wie die Machart ihres

arrangement of her lightly powdered hair as well as the style of her

Kleides von jener Einfachheit, die überall da den Geschmack bestimmt,

Dress of the simplicity that defines taste everywhere,

wo Frömmigkeit als Bestandteil der Vornehmheit gilt.

where piety is considered a component of nobility.

Sie hätte die	It would have
Frau eines hohen deutschen Beamten sein können.	could be the wife of a high-ranking German official.
Etwas von	Something of
phantastischem Aufwand kam in ihre Erscheinung einzig durch ihren	fantastic effort came into her appearance solely through her
Schmuck, der in der Tat kaum schätzbar war und aus Ohrgehängen, sowie	Jewelry, which was indeed hardly estimable and consisted of earrings, as well as
einer dreifachen, sehr langen Kette kirschengroßer, mild schimmernder	of a triple, very long chain of cherry-sized, mildly shimmering
Perlen bestand.	pearls.

44.1 **Die Geschwister waren rasch aufgestanden.**
The siblings stood up quickly.

44.2 **Sie beugten sich zum Kuß über die Hand ihrer Mutter, die mit einem zurückhaltenden Lächeln ihres gepflegten, doch etwas müden und spitznäsigen Gesichtes über ihre Köpfe hinwegblickte und einige Worte in französischer Sprache an die Erzieherin richtete.**
They leaned over to kiss their mother's hand, who looked over their heads with a reserved smile on her well-groomed, yet somewhat tired and pointed face and said a few words in French to the governess.

Dann schritt sie zur Glastür. 44.3

Then she walked to the glass door.

Die Geschwister folgten ihr: 44.4

The brothers and sisters followed her:

die Mädchen in der Reihenfolge ihres Alters, nach 44.5
ihnen die Gouvernante, zuletzt der Knabe.

the girls in order of age, after them the governess, and last
the boy.

Aus irgend einem Grunde wandte er sich um, 44.6
bevor er die Schwelle überschritt, und da niemand
sonst mehr in der Halle sich aufhielt, begegneten
seine eigentümlich dämmergrauen Augen denen
Aschenbachs, der, seine Zeitung auf den Knien, in
Anschauung versunken, der Gruppe nachblickte.

For some reason he turned around before he crossed the
threshold, and as there was no one else in the hall, his
peculiarly dusky gray eyes met those of Aschenbach, who,
his newspaper on his knees, was lost in contemplation,
looking after the group.

Was er gesehen, war gewiß in keiner Einzelheit 45.1
auffallend gewesen.

What he had seen had certainly not been conspicuous in
any detail.

Man war nicht vor der Mutter zu Tische gegangen, 45.2
man hatte sie erwartet, sie ehrerbietig begrüßt und
beim Eintritt in den Saal gebräuchliche Formen
beobachtet.

They had not gone to the table before his mother; they had
expected her, greeted her respectfully, and observed the
customary forms on entering the hall.

45.3 Allein das alles hatte sich so ausdrücklich, mit
einem solchen Akzent von Zucht, Verpflichtung
und Selbstachtung dargestellt, daß Aschenbach sich
sonderbar ergriffen fühlte.

But all this had been presented so explicitly, with such
an accent of discipline, obligation and self-respect, that
Aschenbach felt strangely moved.

45.4 Er zögerte noch einige Augenblicke, ging dann auch
seinerseits in den Speisesaal hinüber und ließ sich
sein Tischchen anweisen, das, wie er mit einer
kurzen Regung des Bedauerns feststellte, sehr weit
von dem der polnischen Familie entfernt war.

He hesitated for a few moments, then went over to the
dining-room and had his little table assigned to him, which,
as he realized with a brief pang of regret, was very far
removed from that of the Polish family.

46.1 Müde und dennoch geistig bewegt,

Tired and yet mentally moved,

46.2 unterhielt er sich während der langwierigen
Mahlzeit mit abstrakten,

he conversed during the long meal with abstract,

46.3 ja transzendenten Dingen,

even transcendental things,

46.4 sann nach über die geheimnisvolle Verbindung,

pondered the mysterious connection which the lawful
must enter into with the individual in order to produce
human beauty,

46.5 welche das Gesetzmäßige mit dem Individuellen
eingehen müsse,

and from there came to general problems of form and art,

damit menschliche Schönheit entstehe,   46.6
finding in the end that his thoughts and discoveries
resembled certain seemingly happy whispers of dreams,

kam von da aus auf allgemeine Probleme der Form   46.7
und der Kunst und fand am Ende,
which,

daß seine Gedanken und Funde gewissen scheinbar   46.8
glücklichen Einflüsterungen des Traumes glichen,
when sobered up,

die sich bei ernüchtertem Sinn als vollständig schal   46.9
und untauglich erweisen.
proved to be completely stale and unsuitable.

Er hielt sich nach Tische rauchend, sitzend,   46.10
umherwandelnd, in dem abendlich duftenden
Parke auf, ging zeitig zur Ruhe und verbrachte die
Nacht in anhaltend tiefem, aber von Traumbildern
verschiedentlich belebtem Schlaf.
He stayed in the fragrant park after dinner, smoking,
sitting, wandering about, went to rest early and spent the
night in a persistently deep sleep, but animated in various
ways by dream images.

Das Wetter ließ sich am folgenden Tage nicht   47.1
günstiger an.
The weather was no more favorable the following day.

Landwind ging.   47.2
A land breeze blew.

47.3 Unter fahlem, bedecktem Himmel lag das Meer in stumpfer Ruhe, verschrumpft gleichsam, mit nüchtern nahem Horizont und so weit vom Strande zurückgetreten, daß es mehrere Reihen langer Sandbänke freiließ.

Under a pale, overcast sky, the sea lay in a dull calm, shrunken as it were, with a sober, close horizon and so far back from the beach that it left several rows of long sandbanks exposed.

47.4 Als Aschenbach sein Fenster öffnete,

When Aschenbach opened his window,

47.5 glaubte er den fauligen Geruch der Lagune zu spüren.

he thought he could smell the foul odor of the lagoon.

48.1 Verstimmung befiel ihn.

He was in a bad mood.

48.2 Schon in diesem Augenblick dachte er an Abreise.

Even at that moment he was thinking of leaving.

48.3 Einmal, vor Jahren, hatte nach zwei heiteren Frühlingswochen hier dies Wetter ihn heimgesucht und sein Befinden so schwer geschädigt, daß er Venedig wie ein Fliehender hatte verlassen müssen.

Once, years ago, after two cheerful spring weeks here, this weather had afflicted him and damaged his health so badly that he had had to leave Venice like a fugitive.

48.4 Stellte nicht schon wieder die fiebrige Unlust von damals, der Druck in den Schläfen, die Schwere der Augenlider sich ein?

Wasn't the feverish listlessness of those days, the pressure in his temples, the heaviness of his eyelids returning?

Noch einmal den Aufenthalt zu wechseln würde lästig sein; wenn aber der Wind nicht umschlug, so war seines Bleibens hier nicht.

48.5

It would be inconvenient to change places again, but if the wind didn't change, it wasn't worth staying here.

Er packte zur Sicherheit nicht völlig aus.

48.6

To be on the safe side, he did not unpack completely.

Um neun Uhr frühstückte er in dem hierfür vorbehaltenen Büfettzimmer zwischen Halle und Speisesaal.

48.7

At nine o'clock he had breakfast in the buffet room between the hall and the dining room.

In dem Raum herrschte die feierliche Stille, die zum Ehrgeiz der großen Hotels gehört.

49.1

The room was filled with the solemn silence that is part of the ambition of large hotels.

Die bedienenden Kellner gingen auf leisen Sohlen umher.

49.2

The waiters and waitresses walked around quietly.

Ein Klappern des Teegerätes, ein halbgeflüstertes Wort war alles, was man vernahm.

49.3

A clatter of the tea apparatus, a half-whispered word was all that could be heard.

In einem Winkel, schräg gegenüber der Tür und zwei Tische von seinem entfernt, bemerkte Aschenbach die polnischen Mädchen mit ihrer Erzieherin.

49.4

In a corner, diagonally opposite the door and two tables away from his, Aschenbach noticed the Polish girls with their governess.

49.5 Sehr aufrecht, das aschblonde Haar neu geglättet und mit geröteten Augen, in steifen blauleinenen Kleidern mit kleinen weißen Fallkrägen und Manschetten saßen sie da und reichten einander ein Glas mit Eingemachtem.

Very upright, their ash-blonde hair newly smoothed and their eyes reddened, in stiff blue-linen dresses with small white drop collars and cuffs, they sat there and handed each other a jar of preserves.

49.6 Sie waren mit ihrem Frühstück fast fertig. Der Knabe fehlte.

They had almost finished their breakfast. The boy was missing.

50.1 Aschenbach lächelte. Nun kleiner Phäake! dachte er.

Aschenbach smiled. Now little Phaeacian! he thought.

50.2 Du scheinst vor diesen das Vorrecht beliebigen Ausschlafens zu genießen.

You seem to enjoy the privilege of sleeping in before them.

50.3 Und plötzlich aufgeheitert rezitierte er bei sich selbst den Vers:

And suddenly cheered up, he recited the verse to himself:

51.1 »Oft veränderten Schmuck und warme Bäder und Ruhe.«

"Often changed jewelry and warm baths and rest."

Er frühstückte ohne Eile, empfing aus der Hand des
Portiers, der mit gezogener Tressenmütze in den
Saal kam, einige nachgesandte Post und öffnete, eine
Zigarette rauchend, ein paar Briefe.

52.1

He breakfasted without haste, received some forwarded
mail from the porter, who came into the hall with his cap
pulled down, and opened a few letters while smoking a
cigarette.

So geschah es, daß er dem Eintritt des Langschläfers
noch beiwohnte, den man dort drüben erwartete.

52.2

It so happened that he was still attending the entrance of
the late riser who was expected over there.

Er kam durch die Glastür und ging in der Stille schräg
durch den Raum zum Tisch seiner Schwestern.

53.1

He came through the glass door and walked in silence
diagonally across the room to his sisters' table.

Sein Gehen war sowohl in der Haltung des
Oberkörpers wie in der Bewegung der Kniee,
dem Aufsetzen des weißbeschuhten Fußes von
außerordentlicher Anmut, sehr leicht, zugleich zart
und stolz und verschönt noch durch die kindliche
Verschämtheit, in welcher er zweimal unterwegs, mit
einer Kopfwendung in den Saal, die Augen aufschlug
und senkte.

53.2

His walk was of extraordinary grace, both in the posture
of his upper body and in the movement of his knees, in
the placement of his white-shod foot, very light, at once
delicate and proud, and embellished by the childlike
bashfulness with which he opened and lowered his eyes
twice on the way, with a turn of his head into the hall.

53.3 Lächelnd, mit einem halblauten Wort in seiner weich verschwommenen Sprache nahm er seinen Platz ein, und jetzt zumal, da er dem Schauenden sein genaues Profil zuwandte, erstaunte dieser aufs neue, ja erschrak über die wahrhaft gottähnliche Schönheit des Menschenkindes.

Smiling, with a half-spoken word in his softly blurred language, he took his place, and now, especially as he turned his exact profile towards the onlooker, the latter was astonished anew, even shocked by the truly godlike beauty of the human child.

53.4 Der Knabe trug heute einen leichten Blusenanzug aus blau und weiß gestreiftem Waschstoff mit rotseidener Masche auf der Brust und am Halse von einem einfachen weißen Stehkragen abgeschlossen.

Today the boy was wearing a light blouse suit made of blue and white striped wash cloth with red silk stitching on the chest and a simple white stand-up collar at the neck.

53.5 Auf diesem Kragen aber, der nicht einmal sonderlich elegant zum Charakter des Anzugs passen wollte, ruhte die Blüte des Hauptes in unvergleichlichem Liebreiz, — das Haupt des Eros, vom gelblichen Schmelze parischen Marmors, mit feinen und ernsten Brauen, Schläfen und Ohr vom rechtwinklig einspringenden Geringel des Haares dunkel und weich bedeckt.

On this collar, however, which was not even particularly elegant to match the character of the suit, rested the flower of the head in incomparable loveliness,-the head of Eros, of the yellowish melt of Parian marble, with fine and serious brows, temples and ear covered darkly and softly by the right-angled curling of the hair.

Gut, gut, dachte Aschenbach mit jener fachmännisch kühlen Billigung, in welche Künstler zuweilen einem Meisterwerk gegenüber ihr Entzücken, ihre Hingerissenheit kleiden.

54.1

Good, good, thought Aschenbach with that expertly cool approval in which artists sometimes clothe their delight and rapture at a masterpiece.

Und weiter dachte er:

54.2

And then he thought:

Wahrhaftig, erwarteten mich nicht Meer und Strand, ich bliebe hier, so lange du bleibst!

54.3

"Truly, if the sea and the beach were not waiting for me, I would stay here as long as you stay!

So aber ging er denn, ging unter den Aufmerksamkeiten des Personals durch die Halle, die große Terrasse hinab und gerade aus über den Brettersteg zum abgesperrten Strand der Hotelgäste.

54.4

And so he left, walked through the hall, down the large terrace and straight across the boardwalk to the hotel guests' cordoned-off beach amidst the attentions of the staff.

54.5 Er ließ sich von dem barfüßigen Alten, der sich in Leinwandhose, Matrosenbluse und Strohhut dort unten als Bademeister tätig zeigte, die gemietete Strandhütte zuweisen, ließ Tisch und Sessel hinaus auf die sandig bretterne Plattform stellen und machte sich's bequem in dem Liegestuhl, den er weiter zum Meere hin in den wachsgelben Sand gezogen hatte.

He had the barefoot old man, who was working down there as a lifeguard in canvas trousers, sailor's blouse and straw hat, show him to the rented beach hut, had the table and armchair put out on the sandy plank platform and made himself comfortable in the deckchair, which he had pulled further out to sea in the waxy yellow sand.

55.1 Das Strandbild, dieser Anblick sorglos sinnlich genießender Kultur am Rande des Elementes, unterhielt und erfreute ihn wie nur je.

The beach scene, this sight of carefree, sensually enjoyable culture at the edge of the element, entertained and delighted him as never before.

55.2 Schon war die graue und flache See belebt von watenden Kindern, Schwimmern, bunten Gestalten, welche, die Arme unter dem Kopf verschränkt, auf den Sandbänken lagen.

The gray and shallow sea was already alive with wading children, swimmers, colorful figures lying on the sandbanks with their arms folded under their heads.

55.3 Andere ruderten in kleinen rot und blau gestrichenen Booten ohne Kiel und kenterten lachend.

Others rowed in small red and blue painted boats without keels and capsized laughing.

Vor der gedehnten Zeile der Capannen, auf deren
Plattformen man wie auf kleinen Veranden saß, gab
es spielende Bewegung und träg hingestreckte Ruhe,
Besuche und Geplauder, sorgfältige Morgeneleganz
neben der Nacktheit, die keck-behaglich die
Freiheiten des Ortes genoß.

55.4

In front of the stretched line of Capannen, on whose
platforms people sat as if on small verandas, there was
playful movement and languid repose, visits and chatter,
careful morning elegance alongside the nudity that pertly
and comfortably enjoyed the freedoms of the place.

Vorn auf dem feuchten und festen Sande
lustwandelten Einzelne in weißen Bademänteln,
in weiten, starkfarbigen Hemdgewändern.

55.5

In front, on the damp and firm sand, individuals in white
bathrobes, in wide, brightly colored shirt-robes, strolled
about.

Eine vielfältige Sandburg zur Rechten, von Kindern
hergestellt, war rings mit kleinen Flaggen in den
Farben aller Länder besteckt.

55.6

A varied sandcastle on the right, made by children, was
decorated with small flags in the colors of all countries.

Verkäufer von Muscheln,

55.7

Sellers of shells,

Kuchen und Früchten breiteten kniend ihre Waren
aus.

55.8

cakes and fruit were kneeling and spreading out their
wares.

98

55.9 Links, vor einer der Hütten, die quer zur Reihe der übrigen und zum Meere standen und auf dieser Seite einen Abschluß des Strandes bildeten, kampierte eine russische Familie:

On the left, in front of one of the huts that stood at right angles to the other huts and to the sea and formed the end of the beach on this side, a Russian family was camped:

55.10 Männer mit Bärten und großen Zähnen, mürbe und träge Frauen, ein baltisches Fräulein, das an einer Staffelei sitzend unter Ausrufen der Verzweiflung das Meer malte, zwei gutmütig-häßliche Kinder, eine alte Magd im Kopftuch und mit zärtlich unterwürfigen Sklavenmanieren.

men with beards and big teeth, crumbly and indolent women, a Baltic lady who was sitting at an easel painting the sea with exclamations of despair, two good-natured and ugly children, an old maid in a headscarf and with tenderly submissive slave manners.

55.11 Dankbar genießend lebten sie dort, riefen unermüdlich die Namen der unfolgsam sich tummelnden Kinder, scherzten vermittelst weniger italienischer Worte lange mit dem humoristischen Alten, von dem sie Zuckerwerk kauften, küßten einander auf die Wangen und kümmerten sich um keinen Beobachter ihrer menschlichen Gemeinschaft.

They lived there, gratefully enjoying themselves, tirelessly calling out the names of the disobediently cavorting children, joking at length with the humorous old man from whom they bought confectionery, kissing each other on the cheeks and paying no attention to any observer of their human community.

Ich will also bleiben, dachte Aschenbach. Wo wäre es besser? 56.1

So I want to stay, thought Aschenbach. Where would be better?

Und die Hände im Schoß gefaltet, ließ er seine Augen sich in den Weiten des Meeres verlieren, seinen Blick entgleiten, verschwimmen, sich brechen im eintönigen Dunst der Raumeswüste. 56.2

And with his hands folded in his lap, he let his eyes lose themselves in the vastness of the sea, his gaze slipping away, blurring, breaking in the monotonous haze of the desert of space.

Er liebte das Meer aus tiefen Gründen: 56.3

He loved the sea for deep reasons:

aus dem Ruheverlangen des schwer arbeitenden Künstlers, der von der anspruchsvollen Vielgestalt der Erscheinungen an der Brust des Einfachen, Ungeheueren sich zu bergen begehrt; 56.4

out of the longing for rest of the hard-working artist, who desires to take refuge from the demanding multiformity of phenomena on the breast of the simple, the monstrous;

aus einem verbotenen, seiner Aufgabe gerade entgegengesetzten und eben darum verführerischen Hange zum Ungegliederten, Maßlosen, Ewigen, zum Nichts. 56.5

out of a forbidden inclination towards the unstructured, the measureless, the eternal, towards nothingness, which is precisely contrary to his task and therefore seductive.

Am Vollkommenen zu ruhen, ist die Sehnsucht dessen, der sich um das Vortreffliche müht; 56.6

To rest on perfection is the longing of those who strive for excellence;

56.7 **und ist nicht das Nichts eine Form des Vollkommenen?**

and is not nothingness a form of perfection?

56.8 **Wie er nun aber so tief ins Leere träumte, ward plötzlich die Horizontale des Ufersaumes von einer menschlichen Gestalt überschnitten, und als er seinen Blick aus dem Unbegrenzten einholte und sammelte, da war es der schöne Knabe, der von links kommend vor ihm im Sande vorüberging.**

As he was dreaming so deeply into the void, the horizontal line of the shore was suddenly crossed by a human figure, and when he caught up and gathered his gaze from the boundlessness, it was the beautiful boy coming from the left and passing before him in the sand.

56.9 **Er ging barfuß, zum Waten bereit, die schlanken Beine bis über die Knie entblößt, langsam, aber so leicht und stolz, als sei er ohne Schuhwerk sich zu bewegen ganz gewöhnt, und schaute sich nach den querstehenden Hütten um.**

He was walking barefoot, ready to wade, his slender legs bare above the knees, slowly, but as lightly and proudly as if he were quite accustomed to moving without shoes, and he looked around at the huts standing across.

56.10 **Kaum aber hatte er die russische Familie bemerkt, die dort in dankbarer Eintracht ihr Wesen trieb, als ein Unwetter zorniger Verachtung sein Gesicht überzog.**

But he had hardly noticed the Russian family, who were living there in grateful harmony, when a storm of angry contempt swept over his face.

Seine Stirn verfinsterte sich, sein Mund ward   56.11
emporgehoben, von den Lippen nach einer Seite
ging ein erbittertes Zerren, daß die Wange zerriß,
und seine Brauen waren so schwer gerunzelt, daß
unter ihrem Druck die Augen eingesunken schienen
und böse und dunkel darunter hervor die Sprache des
Hasses führten.

His brow darkened, his mouth was lifted up, a bitter
tugging went from his lips to one side that tore his cheek,
and his brows were so heavily furrowed that under their
pressure his eyes seemed to sink in, and from under them
the language of hatred came out dark and evil.

Er blickte zu Boden, blickte noch einmal drohend   56.12
zurück, tat dann mit der Schulter eine heftig
wegwerfende Bewegung und ließ die Feinde im
Rücken.

He looked down at the ground, glanced back threateningly
once more, then made a fierce throwing motion with his
shoulder, leaving his enemies at his back.

Eine Art Zartgefühl oder Erschrockenheit, etwas wie   57.1
Achtung und Scham, veranlaßte Aschenbach, sich
abzuwenden, als ob er nichts gesehen hätte;

A kind of tenderness or fright, something like respect and
shame, caused Aschenbach to turn away as if he had seen
nothing;

denn dem ernsten Zufallsbeobachter der   57.2
Leidenschaft widerstrebt es, von seinen
Wahrnehmungen auch nur vor sich selber Gebrauch
zu machen.

for the serious chance observer of passion is reluctant to
make use of his perceptions even to himself.

57.3 **Er war aber erheitert und erschüttert zugleich, das heißt: beglückt.**

But he was amused and shocked at the same time, that is, delighted.

57.4 **Dieser kindische Fanatismus, gerichtet gegen das gutmütigste Stück Leben, — er stellte das Göttlich-Nichtssagende in menschliche Beziehungen;**

This childish fanaticism, directed against the most good-natured part of life, placed the divinely meaningless in human relations;

57.5 **er ließ ein kostbares Bildwerk der Natur, das nur zur Augenweide getaugt hatte, einer tieferen Teilnahme wert erscheinen;**

it made a precious work of nature, which had only been a feast for the eyes, appear worthy of a deeper participation;

57.6 **und er verlieh der ohnehin durch Schönheit bedeutenden Gestalt des Halbwüchsigen eine politisch-geschichtliche Folie, die gestattete, ihn über seine Jahre ernst zu nehmen.**

and it gave the already beautiful and important figure of the adolescent a political and historical background which allowed him to be taken seriously beyond his years.

58.1 **Noch abgewandt, lauschte Aschenbach auf die Stimme des Knaben, seine helle, ein wenig schwache Stimme, mit der er sich von weitem schon den um die Sandburg beschäftigten Gespielen grüßend anzukündigen suchte.**

Still turned away, Aschenbach listened to the boy's voice, his bright, somewhat faint voice, with which he tried to greet the players busy around the sandcastle from afar.

Man antwortete ihm, indem man ihm seinen Namen oder eine Koseform seines Namens mehrfach entgegenrief, und Aschenbach horchte mit einer gewissen Neugier darauf, ohne Genaueres erfassen zu können, als zwei melodische Silben wie

58.2

They answered him by calling out his name or a diminutive of his name several times, and Aschenbach listened with a certain curiosity, without being able to grasp anything more precise than two melodic syllables such as

»Adgio« oder öfter noch »Adgiu«

58.3

"Adgio" or, more often "Adgiu"

mit rufend gedehntem u-Laut am Ende.

58.4

with a shouted, elongated u sound at the end.

Er freute sich des Klanges, er fand ihn in seinem Wohllaut dem Gegenstande angemessen, wiederholte ihn im Stillen und wandte sich befriedigt seinen Briefen und Papieren zu.

58.5

He was pleased with the sound, he found it appropriate to the object in its melodiousness, repeated it silently and turned to his letters and papers with satisfaction.

Seine kleine Reiseschreibmappe auf den Knien, begann er, mit dem Füllfederhalter diese und jene Korrespondenz zu erledigen.

59.1

With his small travel writing case on his knees, he began to take care of this and that correspondence with his fountain pen.

59.2 Aber nach einer Viertelstunde schon fand er es schade, die Situation, die genießenswerteste, die er kannte, so im Geist zu verlassen und durch gleichgültige Tätigkeit zu versäumen.

But after only a quarter of an hour he thought it a pity to leave the situation, the most enjoyable he knew, in his mind and miss it through indifferent activity.

59.3 Er warf das Schreibzeug beiseite, er kehrte zum Meere zurück, und nicht lange, so wandte er, abgelenkt von den Stimmen der Jugend am Sandbau, den Kopf bequem an der Lehne des Stuhles nach rechts, um sich nach dem Treiben und Bleiben des trefflichen Adgio wieder umzutun.

He threw the writing materials aside, returned to the sea, and before long, distracted by the voices of the young people at the sandpit, he turned his head comfortably to the right at the back of the chair to look around again at the goings-on and whereabouts of the splendid Adgio.

60.1 Der erste Blick fand ihn;

The first glance found him;

60.2 die rote Masche auf seiner Brust war nicht zu verfehlen.

the red mesh on his chest was impossible to miss.

60.3 Mit anderen beschäftigt, eine alte Planke als Brücke über den feuchten Graben der Sandburg zu legen, gab er rufend und mit dem Kopfe winkend seine Anweisungen zu diesem Werk.

He was busy with others laying an old plank as a bridge over the damp moat of the sandcastle, shouting and waving his head as he gave his instructions for the work.

Es waren da mit ihm ungefähr zehn Genossen,
Knaben und Mädchen, von seinem Alter und einige
jünger, die in Zungen, polnisch, französisch und
auch in Balkan-Idiomen durcheinander schwatzten.

60.4

There were about ten comrades with him, boys and girls
of his age and some younger, chattering away in tongues,
Polish, French and Balkan idioms.

Aber sein Name war es, der am öftesten erklang.

60.5

But it was his name that was heard most often.

Offenbar war er begehrt, umworben, bewundert.

60.6

He was obviously sought after, courted, admired.

Einer namentlich, Pole gleich ihm, ein stämmiger
Bursche, der ähnlich wie

60.7

One man in particular, a Pole like him, a stocky fellow who
was called something like

»Jaschu«

60.8

"Jaschu,"

gerufen wurde, mit schwarzem, pomadisiertem Haar
und leinenem Gürtelanzug, schien sein nächster
Vasall und Freund.

60.9

with black, pomaded hair and a linen belt suit, seemed to
be his closest vassal and friend.

Sie gingen, als für diesmal die Arbeit am Sandbau
beendigt war, umschlungen den Strand entlang, und
der, welcher

60.10

They walked along the beach, embraced, when the work on
the sand construction was finished for this time, and the
one who was called

»Jaschu« gerufen wurde, küßte den Schönen.

60.11

"Jaschu" kissed the handsome one.

61.1 **Aschenbach war versucht, ihm mit dem Finger zu drohen.**

Aschenbach was tempted to wag his finger at him.

61.2 **»Dir aber rat ich Kritobulos«, dachte er lächelnd, »geh ein Jahr auf Reisen!**

"But my advice to you Kritobulos," he thought with a smile, "go traveling for a year!

61.3 **Denn soviel brauchst du mindestens Zeit zur Genesung.«**

Because you need at least that much time to recover."

61.4 **Und dann frühstückte er große, vollreife Erdbeeren, die er von einem Händler erstand.**

And then he had breakfast of large, fully ripe strawberries, which he bought from a merchant.

61.5 **Es war sehr warm geworden,**

It had become very warm,

61.6 **obgleich die Sonne die Dunstschicht des Himmels nicht zu durchdringen vermochte.**

although the sun was unable to penetrate the haze in the sky.

61.7 **Trägheit fesselte den Geist,**

Inertia captivated the mind,

61.8 **indes die Sinne die ungeheure und betäubende Unterhaltung der Meeresstille genossen.**

while the senses enjoyed the immense and stupefying entertainment of the calm sea.

61.9 **Zu erraten, zu erforschen, welcher Name es sei, der ungefähr**

To guess, to find out what name it was, which was approximately

»Adgio«   61.10
"Adgio,"

lautete, schien dem ernsten Mann eine   61.11
angemessene, vollkommen ausfüllende Aufgabe
und Beschäftigung.
seemed to the serious man an appropriate, completely
fulfilling task and occupation.

Und mit Hilfe einiger polnischer Erinnerungen   61.12
stellte er fest, daß »Tadzio« gemeint sein müsse, die
Abkürzung von »Tadeusz« und im Anrufe »Tadziu«
lautend."
And with the help of some Polish memories he determined
that it must be "Tadzio," the abbreviation of "Tadeusz" and
in the call "Tadziu."

Tadzio badete.   61.13
Tadzio was bathing.

Aschenbach, der ihn aus den Augen verloren hatte,   61.14
entdeckte seinen Kopf, seinen Arm, mit dem er
rudernd ausholte, weit draußen im Meer;
Aschenbach, who had lost sight of him, discovered his
head, his arm, with which he was rowing, far out at sea;

denn das Meer mochte flach sein bis weit hinaus.   61.15
for the sea might be shallow as far as the eye could see.

61.16 Aber schon schien man besorgt um ihn, schon riefen Frauenstimmen nach ihm von den Hütten, stießen wiederum diesen Namen aus, der den Strand beinahe wie eine Losung beherrschte und mit seinen weichen Mitlauten, seinem gezogenen u-Ruf am Ende, etwas zugleich Süßes und Wildes hatte:

But people already seemed to be worried about him, women's voices were already calling for him from the huts, calling out this name again, which dominated the beach almost like a slogan and had something sweet and wild at the same time with its soft sounds, its drawn-out u-call at the end:

61.17 »Tadziu, Tadziu!«

"Tadziu, Tadziu!"

61.18 Er gehorchte, er lief, das widerstrebende Wasser mit den Beinen zu Schaum schlagend, zurückgeworfenen Kopfes durch die Flut;

He obeyed, he ran through the tide with his head thrown back, beating the resisting water into foam with his legs;

61.19 und zu sehen, wie die lebendige Gestalt, vormännlich hold und herb, mit triefenden Locken und schön wie ein zarter Gott, herkommend aus den Tiefen von Himmel und Meer, dem Elemente entstieg und entrann:

and to see how the living figure, pre-masculine, fair and tart, with dripping curls and beautiful as a delicate god, coming from the depths of sky and sea, rose and escaped from the elements:

61.20 Dieser Anblick gab mythische Vorstellungen ein, er war wie Dichterkunde von anfänglichen Zeiten, vom Ursprung der Form und von der Geburt der Götter.

this sight gave rise to mythical ideas, it was like poetry from the beginning of time, from the origin of form and from the birth of the gods.

Aschenbach lauschte mit geschlossenen Augen auf   61.21
diesen in seinem Innern antönenden Gesang;

Aschenbach listened with closed eyes to this song
resounding within him;

und abermals dachte er, daß es hier gut sei und daß er   61.22
bleiben wolle.

and again he thought that it was good here and that he
wanted to stay.

Später lag Tadzio, vom Bade ausruhend, im Sande,   62.1
gehüllt in sein weißes Laken, das unter der rechten
Schulter durchgezogen war, den Kopf auf den bloßen
Arm gebettet;

Later, Tadzio, resting from his bath, lay on the sand,
wrapped in his white sheet, which was drawn under his
right shoulder, his head resting on his bare arm;

und auch wenn Aschenbach ihn nicht betrachtete,   62.2
sondern einige Seiten in seinem Buche las, vergaß er
fast niemals, daß jener dort lag und daß es ihn nur
eine leichte Wendung des Kopfes nach rechts kostete,
um das Bewunderungswürdige zu erblicken.

and even when Aschenbach was not looking at him, but
reading a few pages in his book, he almost never forgot that
he was lying there, and that it only required a slight turn of
the head to the right for him to catch sight of the admirable
figure.

62.3 Beinahe schien es ihm, als säße er hier, um
den Ruhenden zu behüten, — mit eigenen
Angelegenheiten beschäftigt und dabei doch in
beständiger Wachsamkeit für das edle Menschenbild
dort zur Rechten, nicht weit von ihm.

It almost seemed to him as if he were sitting here to watch
over the resting man, — preoccupied with his own affairs,
and yet in constant vigilance for the noble human image
there on his right, not far from him.

62.4 Und eine väterliche Huld, die gerührte Hinneigung
dessen, der sich opfernd im Geiste das Schöne zeugt,
zu dem, der die Schönheit hat, erfüllte und bewegte
sein Herz.

And his heart was filled and moved by a paternal
benevolence, the moved affection of the one who,
sacrificing himself in spirit, begets beauty for the one
who has beauty.

63.1 Nach Mittag verließ er den Strand,

He left the beach after midday,

63.2 kehrte ins Hotel zurück und ließ sich hinauf vor sein
Zimmer fahren.

returned to the hotel and had himself driven up to his
room.

63.3 Er verweilte dort drinnen längere Zeit vor dem
Spiegel und betrachtete sein graues Haar,

He stayed there for a long time in front of the mirror and
looked at his gray hair,

63.4 sein müdes und scharfes Gesicht.

his tired and sharp face.

In diesem Augenblick dachte er an seinen Ruhm und
daran, daß Viele ihn auf den Straßen kannten und
ehrerbietig betrachteten, um seines sicher treffenden
und mit Anmut gekrönten Wortes willen, — rief
alle, äußeren Erfolge seines Talentes auf, die ihm
irgend einfallen wollten und gedachte sogar seiner
Nobilitierung.

63.5

At this moment he thought of his fame, and of the fact
that many knew him in the streets, and looked upon him
with respect, for the sake of his word, which was certainly
apt and crowned with grace, — called up all the outward
successes of his talent that he could think of, and even
remembered his ennoblement.

Er begab sich dann zum Lunch hinab in den Saal und
speiste an seinem Tischchen.

63.6

He then went down to lunch in the hall and dined at his
little table.

Als er nach beendeter Mahlzeit den Lift bestieg,
drängte junges Volk, das gleichfalls vom Frühstück
kam, ihm nach in das schwebende Kämmerchen, und
auch Tadzio trat ein.

63.7

When he got into the elevator after finishing his meal,
young people who had also come from breakfast crowded
into the floating chamber after him, and Tadzio also
entered.

Er stand ganz nahe bei Aschenbach, zum ersten
Male so nah, daß dieser ihn nicht in bildmäßigem
Abstand, sondern genau, mit den Einzelheiten seiner
Menschlichkeit wahrnahm und erkannte.

63.8

He stood very close to Aschenbach, for the first time so
close that the latter did not perceive and recognize him at
a figurative distance, but precisely, with the details of his
humanity.

112

63.9 **Der Knabe ward angeredet von irgend jemandem, und während er mit unbeschreiblich lieblichem Lächeln antwortete, trat er schon wieder aus, im ersten Stockwerk, rückwärts, mit niedergeschlagenen Augen.**

The boy was addressed by someone, and while he answered with an indescribably sweet smile, he stepped out again, on the second floor, backwards, his eyes downcast.

63.10 **Schönheit macht schamhaft, dachte Aschenbach und bedachte sehr eindringlich, warum.**

Beauty makes one ashamed, thought Aschenbach, and thought very hard why.

63.11 **Er hatte jedoch bemerkt, daß Tadzios Zähne nicht recht erfreulich waren:**

He had noticed, however, that Tadzio's teeth were not very pleasing:

63.12 **etwas zackig und blaß, ohne den Schmelz der Gesundheit und von eigentümlich spröder Durchsichtigkeit wie zuweilen bei Bleichsüchtigen.**

somewhat jagged and pale, without the enamel of health and of a peculiarly brittle translucency, as is sometimes the case with bleaching addicts.

63.13 **Er ist sehr zart, er ist kränklich, dachte Aschenbach.**

He is very delicate, he is sickly, Aschenbach thought.

63.14 **Er wird wahrscheinlich nicht alt werden.**

He probably won't live to be old.

63.15 **Und er verzichtete darauf, sich Rechenschaft über ein Gefühl der Genugtuung oder Beruhigung zu geben, das diesen Gedanken begleitete.**

And he refrained from accounting for any feeling of satisfaction or reassurance that accompanied this thought.

Er verbrachte zwei Stunden auf seinem Zimmer und
fuhr am Nachmittag mit dem Vaporetto über die
faulriechende Lagune nach Venedig.

64.1

He spent two hours in his room and in the afternoon took
the vaporetto across the lazy lagoon to Venice.

Er stieg aus bei San Marco, nahm den Tee auf dem
Platze und trat dann, seiner hiesigen Tagesordnung
gemäß, einen Spaziergang durch die Straßen an.

64.2

He got off at San Marco, took tea in the square and then, in
accordance with his local agenda, went for a walk through
the streets.

Es war jedoch dieser Gang, der einen völligen
Umschwung seiner Stimmung, seiner Entschlüsse
herbeiführte.

64.3

It was this walk, however, that brought about a complete
change in his mood and his resolutions.

Eine widerliche Schwüle lag in den Gassen, die Luft
war so dick, daß die Gerüche, die aus Wohnungen,
Läden, Garküchen quollen, Öldunst, Wolken von
Parfüm und viele andere in Schwaden standen, ohne
sich zu zerstreuen.

65.1

The air was so thick that the smells emanating from homes,
stores, cookshops, oil fumes, clouds of perfume and many
others stood in clouds without dissipating.

Zigarettenrauch hing an seinem Orte und entwich
nur langsam.

65.2

Cigarette smoke clung to its place and escaped only slowly.

Das Menschengeschiebe in der Enge belästigte den
Spaziergänger, statt ihn zu unterhalten.

65.3

The crowds of people in the cramped space annoyed the
walker instead of entertaining him.

65.4 **Je länger er ging, desto quälender bemächtigte sich seiner der abscheuliche Zustand, den die Seeluft zusammen mit dem Scirocco hervorbringen kann, und der zugleich Erregung und Erschlaffung ist.**

The longer he walked, the more agonizingly he was seized by the abominable state that the sea air can produce together with the scirocco, which is both excitement and exhaustion.

65.5 **Peinlicher Schweiß brach ihm aus.**

He broke out in an embarrassing sweat.

65.6 **Die Augen versagten den Dienst, die Brust war beklommen, er fieberte, das Blut pochte im Kopf.**

His eyes were failing him, his chest was shaking, he was feverish, the blood was pounding in his head.

65.7 **Er floh aus den drangvollen Geschäftsgassen über Brücken in die Gänge der Armen:**

He fled from the crowded shopping alleys over bridges into the corridors of the poor:

65.8 **dort behelligten ihn Bettler,**

beggars harassed him there,

65.9 **und die üblen Ausdünstungen der Kanäle verleideten das Atmen.**

and the foul fumes of the canals made it difficult to breathe.

Auf stillem Platz, einer jener vergessen und
verwunschen anmutenden Örtlichkeiten, die sich im
Innern Venedigs finden, am Rande eines Brunnens
rastend, trocknete er die Stirn und sah ein, daß er
reisen müsse.

Resting on the edge of a fountain in a quiet square, one of
those forgotten and enchanted places that are found in the
interior of Venice, he dried his forehead and realized that
he had to travel.

Zum zweitenmal und nun endgültig war es erwiesen,
daß diese Stadt bei dieser Witterung ihm höchst
schädlich war.
66.1

For the second time, and now once and for all, it had been
proven that this town was highly detrimental to him in this
weather.

Eigensinniges Ausharren erschien vernunftwidrig,
66.2

Stubborn perseverance seemed unreasonable,

die Aussicht auf ein Umschlagen des Windes ganz
ungewiß.
66.3

the prospect of a change in the wind quite uncertain.

Es galt rasche Entscheidung.
66.4

A quick decision had to be made.

Schon jetzt nach Hause zurückzukehren, verbot sich.
66.5

Returning home now was out of the question.

Weder Sommer-noch Winterquartier war bereit, ihn
aufzunehmen.
66.6

Neither summer nor winter quarters were prepared to
take him in.

Aber nicht nur hier gab es Meer und Strand,
66.7

But not only here were there sea and beach,

66.8 und anderwärts fanden sie sich ohne die böse Zutat der Lagune und ihres Fieberdunstes.

and elsewhere they found themselves without the evil ingredient of the lagoon and its feverish haze.

66.9 Er erinnerte sich eines kleinen Seebades nicht weit von Triest, das man ihm rühmlich genannt hatte.

He remembered a small seaside resort not far from Trieste that had been praised to him.

66.10 Warum nicht dorthin? Und zwar ohne Verzug,

Why not go there? And without delay,

66.11 damit der abermalige Aufenthaltswechsel sich noch lohne.

so that the new change of residence would still be worthwhile.

66.12 Er erklärte sich für entschlossen und stand auf.

He declared himself determined and got up.

66.13 Am nächsten Gondelhalteplatz nahm er ein Fahrzeug und ließ sich durch das trübe Labyrinth der Kanäle, unter zierlichen Marmorbalkonen hin, die von Löwenbildern flankiert waren, um glitschige Mauerecken, vorbei an trauernden Palastfassaden, die große Firmenschilder im Abfall schaukelnden Wasser spiegelten, nach San Marco leiten.

At the next gondola stop, he took a vehicle and let himself be guided through the murky labyrinth of canals, under graceful marble balconies flanked by lion images, around slippery wall corners, past mournful palace façades that reflected large company signs in the lapping water, to San Marco.

Er hatte Mühe, dorthin zu gelangen, denn
der Gondolier, der mit Spitzenfabriken und
Glasbläsereien im Bunde stand, versuchte überall,
ihn zu Besichtigung und Einkauf abzusetzen, und
wenn die bizarre Fahrt durch Venedig ihren Zauber
zu üben begann, so tat der beutelschneiderische
Geschäftsgeist der gesunkenen Königin das seine,
den Sinn wieder verdrießlich zu ernüchtern.

66.14

He had trouble getting there, because the gondolier, who
was in league with lace factories and glassblowers, tried
everywhere to drop him off for sightseeing and shopping,
and when the bizarre journey through Venice began to
work its magic, the pouch-cutting business spirit of the
sunk queen did its part to sober the mind again glumly.

Ins Hotel zurückgekehrt, gab er noch vor dem Diner
im Bureau die Erklärung ab, daß unvorhergesehene
Umstände ihn nötigten, morgen früh abzureisen.

67.1

When he returned to the hotel, he told the office before
dinner that unforeseen circumstances had forced him to
leave in the morning.

Man bedauerte, man quittierte seine Rechnung.

67.2

He was regretted and his bill was acknowledged.

Er speiste und verbrachte den lauen Abend, Journale
lesend, in einem Schaukelstuhl auf der rückwärtigen
Terrasse.

67.3

He dined and spent the balmy evening reading journals in a
rocking chair on the back terrace.

Bevor er zur Ruhe ging,

67.4

Before he went to rest,

machte er sein Gepäck vollkommen zur Abreise
fertig.

67.5

he got his luggage ready for departure.

68.1 **Er schlief nicht zum besten,**

He did not sleep well,

68.2 **da der bevorstehende Wiederaufbruch ihn beunruhigte.**

as the imminent departure worried him.

68.3 **Als er am Morgen die Fenster öffnete, war der Himmel bezogen nach wie vor, aber die Luft schien frischer, und — es begann auch schon seine Reue.**

When he opened the windows in the morning, the sky was still cloudy, but the air seemed fresher, and his remorse was already beginning.

68.4 **War diese Kündigung nicht überstürzt und irrtümlich,**

Had not this resignation been hasty and mistaken,

68.5 **die Handlung eines kranken und unmaßgeblichen Zustandes gewesen?**

the act of an ill and intemperate state?

68.6 **Hätte er sie ein wenig zurückbehalten, hätte er es, ohne so rasch zu verzagen, auf den Versuch einer Anpassung an die venezianische Luft oder auf Besserung des Wetters ankommen lassen, so stand ihm jetzt, statt Hast und Last, ein Vormittag am Strande gleich dem gestrigen bevor.**

If he had held it back a little, if he had, without despairing so quickly, tried to adapt to the Venetian air or to improve the weather, he would now have had a morning on the beach like yesterday's, instead of haste and stress.

68.7 **Zu spät.**

Too late.

Nun mußte er fortfahren, zu wollen, was er gestern gewollt hatte.
68.8

Now he had to go on wanting what he had wanted yesterday.

Er kleidete sich an und fuhr um acht Uhr zum Frühstück ins Erdgeschoß hinab.
68.9

He dressed and went down to breakfast on the ground floor at eight o'clock.

Der Büfettraum war, als er eintrat, noch leer von Gästen.
69.1

The buffet room was still empty of guests when he entered.

Einzelne kamen, während er saß und das Bestellte erwartete.
69.2

A few came as he sat and awaited his order.

Die Teetasse am Munde,
69.3

With his teacup at his mouth,

sah er die polnischen Mädchen nebst ihrer Begleiterin sich einfinden;
69.4

he saw the Polish girls and their companion arrive;

streng und morgenfrisch, mit geröteten Augen schritten sie zu ihrem Tisch in der Fensterecke.
69.5

stern and fresh-faced, with reddened eyes, they walked to their table in the corner of the window.

Gleich darauf näherte sich ihm der Portier mit gezogener Mütze und mahnte zum Aufbruch.
69.6

Immediately afterwards, the porter approached him with his cap doffed and urged him to leave.

69.7 Das Automobil stehe bereit, ihn und andere Reisende nach dem Hotel "Excelsior" zu bringen, von wo das Motorboot die Herrschaften durch den Privatkanal der Gesellschaft zum Bahnhof befördern werde.

The car was ready to take him and other travelers to the Excelsior Hotel, from where the motorboat would take them through the company's private canal to the train station.

69.8 Die Zeit dränge.

Time was pressing.

69.9 — Aschenbach fand, daß sie das nicht im mindesten tue.

— Aschenbach did not think it was in the least.

69.10 Mehr als eine Stunde blieb bis zur Abfahrt seines Zuges.

There was more than an hour before his train was due to leave.

69.11 Er ärgerte sich an der Gasthofsitte, den Abreisenden vorzeitig aus dem Hause zu schaffen und bedeutete dem Portier, daß er in Ruhe zu frühstücken wünsche.

He resented the inn's custom of removing the departing guest prematurely and told the porter that he wished to have breakfast in peace.

69.12 Der Mann zog sich zögernd zurück,

The man withdrew hesitantly,

69.13 um nach fünf Minuten wieder aufzutreten.

only to reappear five minutes later.

69.14 Unmöglich, daß der Wagen länger warte.

It was impossible for the car to wait any longer.

Dann möge er fahren und seinen Koffer mitnehmen, 69.15

Then let him drive and take his suitcase with him,

entgegnete Aschenbach gereizt. 69.16

Aschenbach replied irritably.

Er selbst wolle zur gegebenen Zeit das öffentliche 69.17
Dampfboot benutzen und bitte, die Sorge um sein
Fortkommen ihm selber zu überlassen.

He himself wanted to use the public steamboat when
the time came and asked that he leave the care of his
transportation to himself.

Der Angestellte verbeugte sich. 69.18

The clerk bowed.

Aschenbach, froh, die lästigen Mahnungen 69.19
abgewehrt zu haben, beendete seinen Imbiß ohne
Eile, ja ließ sich sogar noch vom Kellner Tagesblätter
reichen.

Aschenbach, glad to have warded off the annoying
reminders, finished his snack without haste and even
had the waiter hand him some newspapers.

Die Zeit war recht knapp geworden, als er aufstand. 69.20

Time was running out when he got up.

Es fügte sich, daß im selben Augenblick Tadzio durch 69.21
die Glastür hereinkam.

It so happened that at the same moment Tadzio came in
through the glass door.

70.1 Er kreuzte, zum Tische der Seinen gehend, den Weg des Aufbrechenden, schlug vor dem grauhaarigen, hochgestirnten Mann bescheiden die Augen nieder, um sie nach seiner lieblichen Art sogleich wieder weich und voll zu ihm aufzuschlagen und war vorüber.

He crossed the path of the departing man, going to his own table, modestly lowered his eyes before the gray-haired, starry-eyed man, only to open them again softly and fully in his lovely way, and was gone.

70.2 Adieu, Tadzio! dachte Aschenbach. Ich sah dich kurz.

Farewell, Tadzio! thought Aschenbach. I saw you briefly.

70.3 Und indem er gegen seine Gewohnheit das Gedachte wirklich mit den Lippen ausbildete und vor sich hinsprach, fügte er hinzu:

And, against his habit, he really formed what he had thought with his lips and said it to himself, adding:

70.4 Sei gesegnet!

"Bless you!

70.5 — Er hielt dann Abreise, verteilte Trinkgelder, ward von dem kleinen leisen Manager im französischen Gehrock verabschiedet und verließ das Hotel zu Fuß, wie er gekommen, um sich, gefolgt von dem Handgepäck tragenden Hausdiener, durch die weiß blühende Allee quer über die Insel zur Dampferbrücke zu begeben.

" — He then departed, distributed tips, was seen off by the quiet little manager in the French frock coat, and left the hotel on foot, as he had come, to make his way, followed by the valet carrying his hand luggage, through the white flowered avenue across the island to the steamer bridge.

Er erreicht sie, er nimmt Platz, — und was folgte, war eine Leidensfahrt, kummervoll, durch alle Tiefen der Reue. 70.6

He reached it, took his seat, and what followed was a sorrowful journey through all the depths of remorse.

Es war die vertraute Fahrt über die Lagune, an San Marco vorbei, den großen Kanal hinauf. 71.1

It was the familiar trip across the lagoon, past San Marco, up the large canal.

Aschenbach saß auf der Rundbank am Buge, den Arm aufs Geländer gestützt, mit der Hand die Augen beschattend. 71.2

Aschenbach sat on the round bench by the prow, his arm resting on the railing, his hand shading his eyes.

Die öffentlichen Gärten blieben zurück, die Piazzetta eröffnete sich noch einmal in fürstlicher Anmut und ward verlassen, es kam die große Flucht der Paläste, und als die Wasserstraße sich wendete, erschien des Rialto prächtig gespannter Marmorbogen. 71.3

The public gardens were left behind, the Piazzetta opened up once more in princely grace and was abandoned, then came the great flight of palaces, and as the waterway turned, the splendid marble arch of the Rialto appeared.

Der Abschiednehmende schaute, und seine Brust war zerrissen. 71.4

The parting man looked, and his breast was torn.

71.5 Die Atmosphäre der Stadt, diesen leis fauligen
Geruch von Meer und Sumpf, den zu fliehen es ihn so
sehr gedrängt hatte, — er atmete ihn jetzt in tiefen,
zärtlich schmerzlichen Zügen.

The atmosphere of the city, that faint foul odor of sea
and marsh, which he had been so impelled to flee, — he
breathed it now in deep, tenderly painful puffs.

71.6 War es möglich, daß er nicht gewußt, nicht bedacht
hatte, wie sehr sein Herz an dem allen hing?

Was it possible that he had not known, had not considered,
how much his heart was set on all this?

71.7 Was heute morgen ein halbes Bedauern, ein leiser
Zweifel an der Richtigkeit seines Tuns gewesen war,
das wurde jetzt zum Harm, zum wirklichen Weh,
zu einer Seelennot, so bitter, daß sie ihm mehrmals
Tränen in die Augen trieb, und von der er sich sagte,
daß er sie unmöglich habe vorhersehen können.

What this morning had been a half-regret, a slight doubt
as to the rightness of his actions, now became a pain, a real
sorrow, a distress of soul so bitter that it brought tears to
his eyes several times, and which he told himself he could
not possibly have foreseen.

71.8 Was er als so schwer erträglich, ja, zuweilen als völlig
unleidlich empfand, war offenbar der Gedanke,
daß er Venedig nie wieder sehen solle, daß dies ein
Abschied für immer sei.

What he found so hard to bear, indeed, at times completely
unbearable, was evidently the thought that he should never
see Venice again, that this was a farewell for ever.

Denn da sich zum zweiten Male gezeigt hatte, daß die 71.9
Stadt ihn krank mache, da er sie zum zweiten Male
jäh zu verlassen gezwungen war, so hatte er sie ja
fortan als einen ihm unmöglichen und verbotenen
Aufenthalt zu betrachten, dem er nicht gewachsen
war und den wieder aufzusuchen sinnlos gewesen
wäre.

For since it had been shown for the second time that the
city made him ill, since he had been forced to leave it
abruptly for the second time, he had to regard it henceforth
as an impossible and forbidden abode, which he was not
equal to and which it would have been pointless to visit
again.

Ja, er empfand, daß, wenn er jetzt abreise, Scham 71.10
und Trotz ihn hindern müßten, die geliebte Stadt
je wieder zu sehen, der gegenüber er zweimal
körperlich versagt hatte;

Indeed, he felt that if he left now, shame and defiance
would prevent him from ever seeing the beloved city again,
to which he had twice failed physically;

und dieser Streitfall zwischen seelischer Neigung 71.11
und körperlichem Vermögen schien dem Alternden
auf einmal so schwer und wichtig, die physische
Niederlage so schmählich, so um jeden Preis
hintanzuhalten, daß er die leichtfertige Ergebung
nicht begriff, mit welcher er gestern, ohne
ernstlichen Kampf, sie zu tragen und anzuerkennen
beschlossen hatte.

and this conflict between mental inclination and physical
ability suddenly seemed so difficult and important to
the aging man, the physical defeat so shameful, so to be
avoided at all costs, that he did not understand the careless
surrender with which he had decided yesterday, without
serious struggle, to bear and acknowledge it.

72.1 **Unterdessen nähert sich das Dampfboot dem Bahnhof, und Schmerz und Ratlosigkeit steigen bis zur Verwirrung.**

Meanwhile, the steamboat approaches the station, and pain and helplessness increase to the point of confusion.

72.2 **Die Abreise dünkt dem Gequälten unmöglich,**

Departure seems impossible to the tormented man,

72.3 **die Umkehr nicht minder.**

and turning back no less so.

72.4 **So ganz zerrissen betritt er die Station.**

Torn to pieces, he enters the station.

72.5 **Es ist sehr spät, er hat keinen Augenblick zu verlieren, wenn er den Zug erreichen will.**

It is very late, he has not a moment to lose if he wants to catch the train.

72.6 **Er will es und will es nicht. Aber die Zeit drängt,**

He wants to and doesn't want to. But time is pressing,

72.7 **sie geißelt ihn vorwärts;**

scourging him forward;

72.8 **er eilt, sich sein Billett zu verschaffen und sieht sich im Tumult der Halle nach dem hier stationierten Beamten der Hotelgesellschaft um.**

he hurries to get his ticket and looks around in the commotion of the hall for the hotel company official stationed here.

72.9 **Der Mensch zeigt sich und meldet, der große Koffer sei aufgegeben.**

The man shows himself and reports that the large suitcase has been checked in.

Schon aufgegeben? Ja, bestens, — nach Como. Nach Como? 72.10

Already checked in? Yes, fine, to Como. To Como?

Und aus einem hastigen Hin und Her, aus zornigen Fragen und betretenen Antworten kommt zu Tage, daß der Koffer, schon im Gepäckbeförderungs-Amt des Hotels 72.11

And from a hurried back and forth, from angry questions and embarrassed answers, it emerges that the suitcase, already in the baggage handling office of the

»Excelsior« 72.12

"Excelsior"

zusammen mit anderer, fremder Bagage, in völlig falsche Richtung geleitet wurde. 72.13

hotel together with other, foreign baggage, has been routed in completely the wrong direction.

Aschenbach hatte Mühe, die Miene zu bewahren, die unter diesen Umständen einzig begreiflich war. 73.1

Aschenbach struggled to maintain the only understandable expression under the circumstances.

Eine abenteuerliche Freude, 73.2

An adventurous joy,

eine unglaubliche Heiterkeit erschütterte von innen fast krampfhaft seine Brust. 73.3

an unbelievable cheerfulness shook his chest almost convulsively from within.

73.4 Der Angestellte stürzte davon, um möglicherweise
den Koffer noch anzuhalten und kehrte, wie zu
erwarten gewesen, unverrichteter Dinge zurück.

The clerk rushed away, perhaps to stop the suitcase, and
returned, as was to be expected, without having achieved
anything.

73.5 Da erklärte denn Aschenbach, daß er ohne
sein Gepäck nicht zu reisen wünsche, sondern
umzukehren und das Wiedereintreffen des Stückes
im Bäderhotel zu erwarten entschlossen sei.

Aschenbach then explained that he did not wish to travel
without his luggage, but was determined to turn back and
await the return of the play to the spa hotel.

73.6 Ob das Motorboot der Gesellschaft am Bahnhof liege.

He asked if the company's motorboat was at the station.

73.7 Der Mann beteuerte, es liege vor der Tür.

The man affirmed that it was at the door.

73.8 Er bestimmte in italienischer Suade den
Schalterbeamten, den gelösten Fahrschein
zurückzunehmen, er schwor, daß depeschiert
werden, daß nichts gespart und versäumt werden
solle, um den Koffer in Bälde zurückzugewinnen,
und — so fand das Seltsame statt, daß der Reisende,
zwanzig Minuten nach seiner Ankunft am Bahnhof,
sich wieder im Großen Kanal auf dem Rückweg zum
Lido sah.

In Italian suade he ordered the clerk to take back the ticket
he had bought, he swore that nothing should be spared
or neglected in order to get the suitcase back as soon as
possible, and — so the strange thing happened that twenty
minutes after his arrival at the station the traveler found
himself back in the Grand Canal on his way back to the
Lido.

Wunderlich unglaubhaftes, beschämendes, komisch traumartiges Abenteuer: 74.1

A wonderfully unbelievable, shameful, comically dreamlike adventure:

Stätten, von denen man eben in tiefster Wehmut Abschied auf immer genommen, vom Schicksal umgewandt und zurückverschlagen, in derselben Stunde noch wiederzusehen!   74.2

to see again in the same hour places from which one had just bid farewell forever in the deepest melancholy, turned back by fate and beaten back!

Schaum vor dem Buge, drollig behend zwischen Gondeln und Dampfern lavierend, schoß das kleine, eilfertige Fahrzeug seinem Ziele zu, indes sein Passagier unter der Maske ärgerlicher Resignation die ängstlich-übermütige Erregung eines entlaufenen Knaben verbarg.   74.3

Foaming at the mouth, drolly maneuvering between gondolas and steamers, the small, hasty craft shot towards its destination, while its passenger hid the anxious, exuberant excitement of a runaway boy under a mask of annoyed resignation.

Noch immer, von Zeit zu Zeit, ward seine Brust bewegt von Lachen über dies Mißgeschick, das, wie er sich sagte, ein Sonntagskind nicht gefälliger hätte heimsuchen können.   74.4

Still, from time to time, his breast was moved with laughter at this misfortune, which, as he said to himself, could not have afflicted a Sunday child more pleasingly.

74.5 Es waren Erklärungen zu geben, erstaunte Gesichter zu bestehen, — dann war, so sagte er sich, alles wieder gut, dann war ein Unglück verhütet, ein schwerer Irrtum richtig gestellt, und alles, was er im Rücken zu lassen geglaubt hatte, eröffnete sich ihm wieder, war auf beliebige Zeit wieder sein ...Täuschte ihn übrigens die rasche Fahrt oder kam wirklich zum Überfluß der Wind nun dennoch vom Meere her?

There were explanations to be given, astonished faces to pass, — then, he told himself, all would be well again, then a misfortune would be prevented, a serious mistake set right, and everything he had thought he had left behind would open up to him again, would be his again for any length of time ...By the way, was he deceived by the swift voyage, or was the wind really coming from the sea after all?

75.1 Die Wellen schlugen gegen die betonierten Wände des schmalen Kanals, der durch die Insel zum Hotel »Excelsior« gelegt ist.

The waves crashed against the concrete walls of the narrow canal that runs through the island to the Excelsior Hotel.

75.2 Ein automobiler Omnibus erwartete dort den Wiederkehrenden und führte ihn oberhalb des gekräuselten Meeres auf geradem Wege zum Bäder-Hotel.

An omnibus awaited the returning visitor there and led him along a straight path above the rippling sea to the spa hotel.

75.3 Der kleine schnurrbärtige Manager im geschweiften Gehrock kam zur Begrüßung die Freitreppe herab.

The small, moustachioed manager in the curly frock coat came down the steps to greet him.

131

Leise schmeichelnd bedauerte er den Zwischenfall, nannte ihn äußerst peinlich für ihn und das Institut, billigte aber mit Überzeugung Aschenbachs Entschluß, das Gepäckstück hier zu erwarten. 76.1

Quietly cajoling, he regretted the incident, calling it extremely embarrassing for him and the institute, but approved with conviction Aschenbach's decision to await the luggage here.

Freilich sei sein Zimmer vergeben, ein anderes jedoch, nicht schlechter, sogleich zur Verfügung. 76.2

Of course, his room was taken, but another, no worse, was immediately available.

»Pas de chance, monsieur«, sagte der schweizerische Liftführer lächelnd, als man hinaufglitt. 76.3

"Pas de chance, monsieur," said the Swiss elevator operator with a smile as they glided up.

Und so wurde der Flüchtling wieder einquartiert, in einem Zimmer, das dem vorigen nach Lage und Einrichtung fast vollkommen glich. 76.4

And so the refugee was accommodated again, in a room that was almost identical to the previous one in terms of location and furnishings.

Ermüdet, betäubt von dem Wirbel dieses seltsamen Vormittags, ließ er sich, nachdem er den Inhalt seiner Handtasche im Zimmer verteilt, in einem Lehnstuhl am offenen Fenster nieder. 77.1

Tired, stunned by the whirlwind of this strange morning, he settled down in an armchair by the open window after spreading the contents of his handbag around the room.

77.2 Das Meer hatte eine blaßgrüne Färbung
angenommen, die Luft schien dünner und reiner,
der Strand mit seinen Hütten und Booten farbiger,
obgleich der Himmel noch grau war.

The sea had taken on a pale green hue, the air seemed
thinner and clearer, the beach with its huts and boats more
colorful, although the sky was still gray.

77.3 Aschenbach blickte hinaus, die Hände im
Schoß gefaltet, zufrieden, wieder hier zu sein,
kopfschüttelnd unzufrieden über seinen Wankelmut,
seine Unkenntnis der eigenen Wünsche.

Aschenbach looked out, his hands folded in his lap, content
to be here again, shaking his head, dissatisfied with his
fickleness, his ignorance of his own wishes.

77.4 So saß er wohl eine Stunde,

He sat like that for an hour,

77.5 ruhend und gedankenlos träumend.

resting and daydreaming thoughtlessly.

77.6 Um Mittag erblickte er Tadzio, der in gestreiftem
Leinenanzug mit roter Masche, vom Meere her,
durch die Strandsperre und die Bretterwege entlang
zum Hotel zurückkehrte.

At midday he caught sight of Tadzio, dressed in a striped
linen suit with red mesh, returning to the hotel from the
sea, through the beach barrier and along the boardwalks.

77.7 Aschenbach erkannte ihn aus seiner Höhe sofort,
bevor er ihn eigentlich ins Auge gefaßt, und wollte
etwas denken, wie:

Aschenbach recognized him immediately from his height,
before he had actually caught sight of him, and wanted to
think something like:

»Sieh, Tadzio, da bist ja auch du wieder!« 77.8

"Look, Tadzio, there you are again!"

Aber im gleichen Augenblick fühlte er, wie der lässige 77.9
Gruß vor der Wahrheit seines Herzens hinsank und
verstummte, — fühlte die Begeisterung seines Blutes,
die Freude, den Schmerz seiner Seele und erkannte,
daß ihm um Tadzios willen der Abschied so schwer
geworden war.

But at the same moment he felt the casual greeting sink
before the truth of his heart and fall silent, — felt the
excitement of his blood, the joy, the pain of his soul, and
realized that it was for Tadzio's sake that his parting had
become so difficult.

Er saß ganz still, 78.1

He sat quite still,

ganz ungesehen an seinem hohen Platze und blickte 78.2
in sich hinein.

quite unseen in his high place and looked into himself.

Seine Züge waren erwacht, seine Brauen stiegen, 78.3
ein aufmerksames, neugierig geistreiches Lächeln
spannte seinen Mund.

His features were awake, his brows rose, an attentive,
curiously witty smile stretched his mouth.

Dann hob er den Kopf und beschrieb mit beiden, 78.4
schlaff über die Lehne des Sessels hinabhängenden
Armen eine langsam drehende und hebende
Bewegung, die Handflächen vorwärts kehrend, so,
als deute er ein Öffnen und Ausbreiten der Arme an.

Then he raised his head and, with both arms hanging
limply over the back of the armchair, described a slow
twisting and lifting movement, palms facing forward, as if
indicating an opening and spreading of the arms.

78.5 **Es war eine bereitwillig willkommen heißende,**
It was a readily welcoming,

78.6 **gelassen aufnehmende Gebärde.**
calmly accepting gesture.

Viertes Kapitel

Fourth Chapter

1.1 Nun lenkte Tag für Tag der Gott mit den hitzigen Wangen nackend sein gluthauchendes Viergespann durch die Räume des Himmels und sein gelbes Gelock flatterte im zugleich ausstürmenden Ostwind.

Now, day after day, the god with the hot cheeks nakedly steered his glowing quadruped through the spaces of the sky and his yellow jelly fluttered in the simultaneously rushing east wind.

1.2 Weißlich seidiger Glanz lag auf den Weiten des träge wallenden Pontos.

A whitish, silky sheen lay on the expanse of the lazily flowing Pontos.

1.3 Der Sand glühte.

The sand glowed.

Unter der silbrig flirrenden Bläue des Äthers waren 1.4
rostfarbene Segeltücher vor den Strandhütten
ausgespannt, und auf dem scharf umgrenzten
Schattenfleck, den sie boten, verbrachte man die
Vormittagsstunden.

Under the silvery shimmering blueness of the ether, rust-
colored sailcloths were stretched out in front of the beach
huts, and the morning hours were spent on the sharply
defined patch of shade they offered.

Aber köstlich war auch der Abend, wenn die Pflanzen 1.5
des Parks balsamisch dufteten, die Gestirne droben
ihren Reigen schritten und das Murmeln des
umnachteten Meeres, leise heraufdringend, die
Seele besprach.

But the evenings were also delicious, when the plants in the
park smelled of balsam, the stars paced their round dance
above and the murmur of the sea, which had fallen asleep,
softly rose up and spoke to the soul.

Solch ein Abend trug in sich die freudige Gewähr 1.6
eines neuen Sonnentages von leicht geordneter Muße
und geschmückt mit zahllosen,

Such an evening carried within it the joyful assurance of a
new sunny day of lightly ordered leisure and adorned with
countless,

dicht beieinander liegenden Möglichkeiten 1.7
lieblichen Zufalls.

closely spaced possibilities of lovely coincidence.

2.1 Der Gast, den ein so gefügiges Mißgeschick hier festgehalten, war weit entfernt, in der Rückgewinnung seiner Habe einen Grund zu erneutem Aufbruch zu sehen.

The guest, who had been kept here by such a compliant misfortune, was far from seeing the recovery of his belongings as a reason to set off again.

2.2 Er hatte zwei Tage lang einige Entbehrung dulden und zu den Mahlzeiten im großen Speisesaal im Reiseanzug erscheinen müssen.

For two days he had had to endure some privation and appear at meals in the large dining room in his traveling suit.

2.3 Dann, als man endlich die verirrte Last wieder in seinem Zimmer niedersetzte, packte er gründlich aus und füllte Schrank und Schubfächer mit dem Seinen, entschlossen zu vorläufig unabsehbarem Verweilen, vergnügt, die Stunden des Strandes in seidenem Anzug verbringen und beim Diner sich wieder in schicklicher Abendtracht an seinem Tischchen zeigen zu können.

Then, when the stray burden was finally set down again in his room, he unpacked thoroughly and filled his wardrobe and drawers with his belongings, determined to linger indefinitely for the time being, happy to spend the hours on the beach in a silk suit and to be able to show himself again at his little table in smart evening dress at dinner.

3.1 Der wohlige Gleichtakt dieses Daseins hatte ihn schon in seinen Bann gezogen,

The pleasant harmony of this existence had already cast a spell over him,

die weiche und glänzende Milde dieser
Lebensführung ihn rasch berückt.

and the soft and radiant gentleness of this way of life
quickly enchanted him.

Welch ein Aufenthalt in der Tat,

What a stay indeed,

der die Reize eines gepflegten Badelebens an
südlichem Strande mit der traulich bereiten Nähe
der wunderlich-wundersamen Stadt verbindet!

combining the charms of a cultivated seaside life on a
southern beach with the comforting closeness of the
wondrous city!

Aschenbach liebte nicht den Genuß.

Aschenbach did not love pleasure.

Wann immer und wo es galt, zu feiern, der Ruhe zu
pflegen, sich gute Tage zu machen, verlangte ihn
bald —

Whenever and wherever it was necessary to celebrate,
to cultivate peace and quiet, to have a good time, he was
soon —

und namentlich in jüngeren Jahren war dies so
gewesen —

and especially in his younger years this had been the
case —

mit Unruhe und Widerwillen zurück in die hohe
Mühsal,

drawn back with restlessness and reluctance to the high
toil,

den heilig nüchternen Dienst seines Alltags.

the holy sober service of his everyday life.

3.10 Nur dieser Ort verzauberte ihn, entspannte sein Wollen, machte ihn glücklich.

Only this place enchanted him, relaxed his will, made him happy.

3.11 Manchmal vormittags, unter dem Schattentuch seiner Hütte, hinträumend über die Bläue des Südmeers, oder bei lauer Nacht auch wohl, gelehnt in die Kissen der Gondel, die ihn vom Markusplatz, wo er sich lange verweilt, unter dem groß gestirnten Himmel heimwärts zum Lido führte — und die bunten Lichter, die schmelzenden Klänge der Serenade blieben zurück, — erinnerte er sich seines Landsitzes in den Bergen, der Stätte seines sommerlichen Ringens, wo die Wolken tief durch den Garten zogen, fürchterliche Gewitter am Abend das Licht des Hauses löschten und die Raben, die er fütterte, sich in den Wipfeln der Fichten schwangen.

Sometimes in the morning, under the shade cloth of his hut, dreaming over the blueness of the southern sea, or on a balmy night, leaning into the cushions of the gondola that took him from St. Mark's Square, where he stayed for a long time, under the great starry sky home to the Lido - and the colorful lights, the melting sounds of the serenade remained behind,-he remembered his country estate in the mountains, the place of his summer struggle, where the clouds drifted low through the garden, terrible thunderstorms extinguished the light of the house in the evening and the ravens he fed soared in the tops of the spruces.

Dann schien es ihm wohl, als sei er entrückt 3.12 ins elysische Land, an die Grenzen der Erde, wo leichtestes Leben den Menschen beschert ist, wo nicht Schnee ist und Winter noch Sturm und strömender Regen, sondern immer sanft kühlenden Anhauch Okeanos aufsteigen läßt und in seliger Muße die Tage verrinnen, mühelos, kampflos und ganz nur der Sonne und ihren Festen geweiht.

Then it seemed to him as if he had been carried away to the Elysian land, to the borders of the earth, where the lightest life is granted to mankind, where there is no snow and winter, nor storm and pouring rain, but where Okeanos always lets the gentle, cooling breeze rise and the days pass in blissful leisure, effortlessly, without a fight and entirely dedicated to the sun and its festivals.

Viel, fast beständig sah Aschenbach den Knaben Tadzio;   4.1

Aschenbach saw the boy Tadzio often, almost constantly;

ein beschränkter Raum, eine jedem gegebene   4.2 Lebensordnung brachten es mit sich, daß der Schöne ihm tagüber mit kurzen Unterbrechungen nahe war.

a limited space, a given order of life meant that the handsome man was close to him throughout the day with brief interruptions.

Er sah, er traf ihn überall: 4.3

He saw him, he met him everywhere:

4.4 in den unteren Räumen des Hotels, auf den kühlenden Wasserfahrten zur Stadt und von dort zurück, im Gepränge des Platzes selbst und oft noch zwischenein auf Wegen und Stegen, wenn der Zufall ein Übriges tat.

in the lower rooms of the hotel, on the cooling water rides to and from the city, in the splendor of the square itself and often in between on paths and footbridges, when chance did the rest.

4.5 Hauptsächlich aber und mit der glücklichsten Regelmäßigkeit bot ihm der Vormittag am Strande ausgedehnte Gelegenheit, der holden Erscheinung Andacht und Studium zu widmen.

Above all, however, and with the happiest regularity, the mornings on the beach offered him ample opportunity to devote himself to devotion and study of the fair apparition.

4.6 Ja, diese Gebundenheit des Glückes, diese täglich-gleichmäßig wieder anbrechende Gunst der Umstände war es so recht, was ihn mit Zufriedenheit und Lebensfreude erfüllte, was ihm den Aufenthalt teuer machte und einen Sonnentag so gefällig hinhaltend sich an den anderen reihen ließ.

Yes, it was this boundedness of happiness, this daily and regularly recurring favor of circumstances, that filled him with contentment and joie de vivre, that made his stay dear to him and made one sunny day follow the other so pleasingly.

Er war früh auf, wie sonst wohl bei pochendem   5.1
Arbeitsdrange, und vor den meisten am Strand,
wenn die Sonne noch milde war und das Meer weiß
blendend in Morgenträumen lag.

He was up early, as he usually was when he had a throbbing
urge to work, and before most people on the beach, when
the sun was still mild and the sea lay white and dazzling in
morning dreams.

Er grüßte menschenfreundlich den Wächter der   5.2
Sperre, grüßte auch vertraulich den barfüßigen
Weißbart, der ihm die Stätte bereitet, das braune
Schattentuch ausgespannt, die Möbel der Hütte
hinaus auf die Plattform gerückt hatte, und ließ sich
nieder.

He greeted the keeper of the barrier in a friendly manner,
also greeted the barefoot white bearded man confidentially,
who had prepared the place for him, stretched out the
brown shade cloth, moved the furniture of the hut out onto
the platform, and settled down.

Drei Stunden oder vier waren dann sein, in denen die   5.3
Sonne zur Höhe stieg und furchtbare Macht gewann,
in denen das Meer tiefer und tiefer blaute und in
denen er Tadzio sehen durfte.

Then it was three or four hours, during which the sun rose
and gained terrible power, during which the sea became
deeper and deeper blue and during which he was allowed to
see Tadzio.

Er sah ihn kommen, von links, am Rande des Meeres   6.1
daher,

He saw him coming, from the left, along the edge of the sea,

6.2 sah ihn von rückwärts zwischen den Hütten hervortreten oder fand auch wohl plötzlich und nicht ohne ein frohes Erschrecken,

saw him emerging from behind between the huts,

6.3 daß er sein Kommen versäumt und daß er schon da war,

or found suddenly and not without a happy shock that he had missed his coming and that he was already there,

6.4 schon in dem blau und weißen Badeanzug,

already in the blue and white bathing suit that was now his only clothing on the beach,

6.5 der jetzt am Strand seine einzige Kleidung war,

had resumed his usual activity in the sun and sand,

6.6 sein gewohntes Treiben in Sonne und Sand wieder aufgenommen hatte,

-this lovely,

6.7 — dies lieblich nichtige, müßig unstete Leben,

idle, restless life,

6.8 das Spiel war und Ruhe, ein Schlendern, Waten, Graben, Haschen,

which was play and rest, a strolling, wading, digging, pausing,

6.9 Lagern und Schwimmen, bewacht,

lying down and swimming, watched over,

6.10 berufen von den Frauen auf der Plattform,

called by the women on the platform,

die mit Kopfstimmen seinen Namen ertönen ließen: »Tadziu! 6.11

who sounded his name in head voices: "Tadziu!

Tadziu!« 6.12

Tadziu!"

und zu denen er mit eifrigem Gebärdenspiel gelaufen kam, ihnen zu erzählen, was er erlebt, ihnen zu zeigen, was er gefunden, gefangen: 6.13

and to whom he came running with eager gestures, telling them what he had experienced, showing them what he had found, caught:

Muscheln, Seepferdchen, Quallen und seitlich laufende Krebse. 6.14

Shells, seahorses, jellyfish and crabs running sideways.

Aschenbach verstand nicht ein Wort von dem, was er sagte, und mochte es das Alltäglichste sein, es war verschwommener Wohllaut in seinem Ohr. 6.15

Aschenbach didn't understand a word of what he said, and even if it was the most commonplace thing, it was a blurred melodious sound in his ear.

So erhob Fremdheit des Knaben Rede zur Musik, eine übermütige Sonne goß verschwenderischen Glanz über ihn aus, und die erhabene Tiefsicht des Meeres war immer seiner Erscheinung Folie und Hintergrund. 6.16

Thus the strangeness of the boy's speech became music, an exuberant sun poured lavish splendor over him, and the sublime depths of the sea were always the foil and background to his appearance.

7.1 Bald kannte der Betrachtende jede Linie und Pose dieses so gehobenen, so frei sich darstellenden Körpers, begrüßte freudig jede schon vertraute Schönheit aufs Neue und fand der Bewunderung, der zarten Sinneslust kein Ende.

Soon the onlooker knew every line and pose of this body, so lifted, so freely presented, joyfully greeted each already familiar beauty anew and found no end to his admiration, his tender sensual pleasure.

7.2 Man rief den Knaben, einen Gast zu begrüßen, der den Frauen bei der Hütte aufwartete;

The boy was called to greet a guest who was waiting for the women at the hut;

7.3 er lief herbei, lief naß vielleicht aus der Flut, er warf die Locken, und indem er die Hand reichte, auf einem Beine ruhend, den anderen Fuß auf die Zehenspitzen gestellt, hatte er eine reizende Drehung und Wendung des Körpers, anmutig spannungsvoll, verschämt aus Liebenswürdigkeit, gefallsüchtig aus adeliger Pflicht.

he ran up, perhaps wet from the flood, he tossed his curls, and, holding out his hand, resting on one leg, the other foot on tiptoe, he had a charming twist and turn of the body, gracefully tense, bashful out of kindness, complaisant out of noble duty.

7.4 Er lag ausgestreckt, das Badetuch um die Brust geschlungen, den zart gemeißelten Arm in den Sand gestützt, das Kinn in der hohlen Hand;

He lay stretched out, the bath towel wrapped round his chest, his delicately chiseled arm resting on the sand, his chin in the hollow of his hand;

7.5 der, welcher »Jaschu«

the one who was called "Jaschu"

147

gerufen wurde, saß kauernd bei ihm und tat ihm
schön, und nichts konnte bezaubernder sein, als
das Lächeln der Augen und Lippen, mit dem der
Ausgezeichnete zu dem Geringeren, Dienenden
aufblickte.

7.6

sat crouching by him and made him beautiful, and nothing
could be more enchanting than the smile of the eyes and
lips with which the honored one looked up at the lesser,
servant.

Er stand am Rande der See, allein, abseits von den
Seinen, ganz nahe bei Aschenbach, — aufrecht, die
Hände im Nacken verschlungen, langsam sich auf
den Fußballen schaukelnd, und träumte ins Blaue,
während kleine Wellen, die anliefen, seine Zehen
badeten.

7.7

He stood at the edge of the sea, alone, apart from his own,
very close to Aschenbach, — upright, his hands clasped
behind his neck, rocking slowly on the balls of his feet, and
dreaming into the blue, while little waves that came up
bathed his toes.

Sein honigfarbenes Haar schmiegte sich in Ringeln
an die Schläfen und in den Nacken, die Sonne
erleuchtete den Flaum des oberen Rückgrates, die
feine Zeichnung der Rippen, das Gleichmaß der
Brust traten durch die knappe Umhüllung des
Rumpfes hervor, seine Achselhöhlen waren noch
glatt wie bei einer Statue, seine Kniekehlen glänzten,
und ihr bläuliches Geäder ließ seinen Körper wie aus
klarerem Stoffe gebildet erscheinen.

7.8

His honey-colored hair clung in ringlets to his temples and
the nape of his neck, the sun illuminated the fuzz of his
upper spine, the fine outline of his ribs and the regularity of
his chest stood out through the tight sheathing of his torso,
his armpits were still smooth as a statue's, the hollows
of his knees shone, and their bluish veins made his body
appear to be made of clearer material.

7.9 **Welch eine Zucht,**
What discipline,

7.10 **welche Präzision des Gedankens war ausgedrückt in diesem gestreckten und jugendlich vollkommenen Leibe!**
what precision of thought was expressed in this elongated and youthfully perfect body!

7.11 **Der strenge und reine Wille jedoch, der, dunkel tätig, dies göttliche Bildwerk ans Licht zu treiben vermocht hatte, —**
But the stern and pure will which, working in darkness, had been able to bring this divine work of art to light —

7.12 **war er nicht ihm, dem Künstler, bekannt und vertraut?**
was it not known and familiar to him, the artist?

7.13 **Wirkte er nicht auch in ihm, wenn er, besonnener Leidenschaft voll, aus der Marmormasse der Sprache die schlanke Form befreite, die er im Geiste schaut und die er als Standbild und Spiegel geistiger Schönheit den Menschen darstellte?**
Did it not also work in him when, full of prudent passion, he freed from the marble mass of language the slender form which he saw in his mind and which he presented to mankind as a statue and mirror of spiritual beauty?

8.1 **Standbild und Spiegel!**
Statue and mirror!

Seine Augen umfaßten die edle Gestalt dort am Rande des Blauen, und in aufschwärmendem Entzücken glaubte er mit diesem Blick das Schöne selbst zu begreifen, die Form als Gottesgedanken, die eine und reine Vollkommenheit, die im Geiste lebt und von der ein menschliches Abbild und Gleichnis hier leicht und hold zur Anbetung aufgerichtet war. 8.2

His eyes embraced the noble figure there at the edge of the blue, and in swarming delight he believed with this gaze to comprehend the beautiful itself, the form as the thought of God, the one and pure perfection that lives in the spirit and of which a human image and likeness was here easily and gracefully erected for worship.

Das war der Rausch; 8.3

That was the intoxication;

und unbedenklich, ja gierig, hieß der alternde Künstler ihn willkommen. 8.4

and the ageing artist welcomed it unquestioningly, even greedily.

Sein Geist kreiste, seine Bildung geriet ins Wallen, sein Gedächtnis warf uralte, seiner Jugend überlieferte und bis dahin niemals von eigenem Feuer belebte Gedanken auf. 8.5

His mind revolved, his education began to surge, his memory threw up ancient thoughts handed down to his youth and never before enlivened by his own fire.

Stand nicht geschrieben, daß die Sonne unsere Aufmerksamkeit von den intellektuellen auf die sinnlichen Dinge wendet? 8.6

Was it not written that the sun turns our attention from intellectual to sensual things?

8.7 Sie betäube und bezaubere, hieß es, Verstand und Gedächtnis, dergestalt, daß die Seele vor Vergnügen ihres eigentlichen Zustandes ganz vergesse und mit staunender Bewunderung an dem schönsten der besonnten Gegenstände hängen bleibe:

It was said to stupefy and enchant the mind and memory in such a way that the soul forgets all about its actual state for the pleasure of it and remains suspended with astonished admiration on the most beautiful of the sunlit objects:

8.8 ja,

indeed,

8.9 nur mit Hülfe eines Körpers vermöge sie dann noch zu höherer Betrachtung sich zu erheben.

only with the help of a body is it then able to rise to higher contemplation.

8.10 Amor fürwahr tat es den Mathematikern gleich, die unfähigen Kindern greifbare Bilder der reinen Formen vorzeigen:

Cupid, indeed, did like the mathematicians who show incompetent children tangible images of pure forms:

8.11 So auch bediente der Gott sich, um uns das Geistige sichtbar zu machen, gern der Gestalt und Farbe menschlicher Jugend, die er zum Werkzeug der Erinnerung mit allem Abglanz der Schönheit schmückte und bei deren Anblick wir dann wohl in Schmerz und Hoffnung entbrannten.

in the same way, in order to make the spiritual visible to us, the god liked to make use of the form and color of human youth, which he adorned with all the splendor of beauty as an instrument of memory and at the sight of which we then probably burned with pain and hope.

So dachte der Enthusiasmierte;   9.1

That's how the enthusiastic man thought;

so vermochte er zu empfinden.   9.2

that's how he was able to feel.

Und aus Meerrausch und Sonnenglast spann sich   9.3
ihm ein reizendes Bild.

And out of the sea and the sun's glow a delightful picture
came to him.

Es war die alte Platane unfern den Mauern   9.4
Athens, — war jener heilig-schattige, vom Dufte der
Kirschbaumblüten erfüllte Ort, den Weihbilder und
fromme Gaben schmückten zu Ehren der Nymphen
und des Acheloos.

It was the old plane tree not far from the walls of Athens,
that sacred and shady place filled with the scent of cherry
blossoms, adorned with votive images and pious offerings
in honor of the nymphs and Acheloos.

Ganz klar fiel der Bach zu Füßen des breitgeästeten   9.5
Baums über glatte Kiesel;

At the foot of the broad-branched tree, the stream fell clear
over smooth pebbles;

die Grillen geigten.   9.6

the crickets were singing.

Auf dem Rasen aber, der sanft abfiel, so, daß man im   9.7
Liegen den Kopf hoch halten konnte, lagerten Zwei,
geborgen hier vor der Glut des Tages:

But on the lawn, which sloped gently downwards so that
one could hold one's head high while lying down, two were
lying, sheltered here from the heat of the day:

9.8 ein Ältlicher und ein Junger, ein Häßlicher und ein Schöner, der Weise beim Liebenswürdigen.

an old man and a young man, an ugly man and a beautiful man, the wise man with the amiable one.

9.9 Und unter Artigkeiten und geistreich werbenden Scherzen belehrte Sokrates den Phaidros über Sehnsucht und Tugend.

And Socrates lectured Phaidros on desire and virtue amid pleasantries and witty jokes.

9.10 Er sprach ihm von dem heißen Erschrecken, das der Fühlende leidet, wenn sein Auge ein Gleichnis der ewigen Schönheit erblickt;

He spoke to him of the hot fright that the sensitive man suffers when his eye beholds a likeness of eternal beauty;

9.11 sprach ihm von den Begierden des Weihelosen und Schlechten, der die Schönheit nicht denken kann, wenn er ihr Abbild sieht, und der Ehrfurcht nicht fähig ist;

he spoke to him of the desires of the unconsecrated and vile, who cannot think of beauty when he sees its image and is incapable of reverence;

9.12 sprach von der heiligen Angst, die den Edlen befällt, wenn ein gottgleiches Antlitz, ein vollkommener Leib ihm erscheint, er dann aufbebt und außer sich ist und hinzusehen sich kaum getraut und den verehrt, der die Schönheit hat, ja, ihm opfern würde, wie einer Bildsäule, wenn er nicht fürchten müßte, den Menschen närrisch zu scheinen.

spoke of the holy fear that befalls the superior man when a godlike countenance, a perfect body appears to him, he then trembles and is beside himself and hardly dares to look and worships the one who has beauty, yes, would sacrifice to him as to a statue, if he did not have to fear appearing foolish to men.

Denn die Schönheit, mein Phaidros, nur sie, ist liebenswürdig und sichtbar zugleich:

9.13

For beauty, my Phaidros, only beauty, is at once amiable and visible:

sie ist, merke das wohl! die einzige Form des Geistigen, welche wir sinnlich empfangen, sinnlich ertragen können.

9.14

it is, mark you, the only form of the spiritual which we can sensually receive, sensually endure.

Oder was würde aus uns, wenn das Göttliche sonst, wenn Vernunft und Tugend und Wahrheit uns sinnlich erscheinen wollten?

9.15

Or what would become of us if the divine were otherwise, if reason and virtue and truth were to appear to us sensually?

Würden wir nicht vergehen und verbrennen vor Liebe,

9.16

Would we not perish and burn with love,

wie Semele einstmals vor Zeus?

9.17

as Semele once did before Zeus?

So ist die Schönheit der Weg des Fühlenden zum Geiste, — nur der Weg, ein Mittel nur, kleiner Phaidros ...Und dann sprach er das Feinste aus, der verschlagene Hofmacher:

9.18

So beauty is the way of the sentient to the spirit, — only the way, a means only, little Phaidros ...And then he uttered the finest thing, the sly courtier:

9.19 Dies, daß der Liebende göttlicher sei, als der Geliebte, weil in jenem der Gott sei nicht aber im andern, — diesen zärtlichsten, spöttischsten Gedanken vielleicht, der jemals gedacht ward, und dem alle Schalkheit und heimlichste Wollust der Sehnsucht entspringt.

this, that the lover is more divine than the beloved, because in the one there is God but not in the other, — this most tender, most mocking thought perhaps that has ever been thought, and from which all mischievousness and most secret lust of longing springs.

9.20 Glück des Schriftstellers ist der Gedanke, der ganz Gefühl, ist das Gefühl, das ganz Gedanke zu werden vermag.

The writer's happiness is the thought that is entirely feeling, the feeling that is able to become entirely thought.

9.21 Solch ein pulsender Gedanke,

Such a pulsating thought,

9.22 solch genaues Gefühl gehörte und gehorchte dem Einsamen damals:

such a precise feeling belonged to and obeyed the Lonely One at that time:

9.23 nämlich, daß die Natur vor Wonne erschaure, wenn der Geist sich huldigend vor der Schönheit neige.

namely, that nature shudders with delight when the spirit bows in homage to beauty.

9.24 Er wünschte plötzlich, zu schreiben.

He suddenly wished to write.

9.25 Zwar liebt Eros, heißt es, den Müßiggang, und für solchen nur ist er geschaffen.

Eros, it is said, loves idleness, and that is the only thing he is made for.

155

Aber an diesem Punkte der Krisis war die Erregung des Heimgesuchten auf Produktion gerichtet.

9.26

But at this point in the crisis, the excitement of the home-worn man was directed towards production.

Fast gleichgültig der Anlaß.

9.27

The occasion was almost indifferent.

Eine Frage, eine Anregung, über ein gewisses großes und brennendes Problem der Kultur und des Geschmackes sich bekennend vernehmen zu lassen, war in die geistige Welt ergangen und bei dem Verreisten eingelaufen.

9.28

A question, a suggestion that he should give his opinion on a certain great and burning problem of culture and taste, had gone out into the spiritual world and reached the traveler.

Der Gegenstand war ihm geläufig, war ihm Erlebnis;

9.29

The subject was familiar to him, was his experience;

sein Gelüst, ihn im Licht seines Wortes erglänzen zu lassen, auf einmal unwiderstehlich.

9.30

his desire to let it shine in the light of his word was suddenly irresistible.

Und zwar ging sein Verlangen dahin, in Tadzios Gegenwart zu arbeiten, beim Schreiben den Wuchs des Knaben zum Muster zu nehmen, seinen Stil den Linien dieses Körpers folgen zu lassen, der ihm göttlich schien, und seine Schönheit ins Geistige zu tragen, wie der Adler einst den troischen Hirten zum Äther trug.

9.31

His desire was to work in Tadzio's presence, to take the boy's stature as a model for his writing, to let his style follow the lines of this body, which seemed divine to him, and to carry his beauty into the spiritual, as the eagle once carried the Trojan shepherd to the ether.

9.32 Nie hatte er die Lust des Wortes süßer empfunden,
Never had he felt the pleasure of the word more sweetly,

9.33 nie so gewußt,
never known so well that Eros was in the word,

9.34 daß Eros im Worte sei,
as during the dangerously delicious hours in which,

9.35 wie während der gefährlich köstlichen Stunden,
at his rough table under the shade-cloth,

9.36 in denen er,
in the presence of the idol,

9.37 an seinem rohen Tische unter dem Schattentuch,
and with the music of his voice in his ear,

9.38 im Angesicht des Idols und die Musik seiner Stimme im Ohr,
he fashioned after Tadzio's beauty his little treatise,

9.39 nach Tadzios Schönheit seine kleine Abhandlung,
-that page and a half of exquisite prose,

9.40 — jene anderthalb Seiten erlesener Prosa formte,
whose purity,

9.41 deren Lauterkeit,
nobility,

9.42 Adel und schwingende Gefühlsspannung binnen kurzem die Bewunderung vieler erregen sollte.
and vibrating tension of feeling were soon to excite the admiration of many.

Es ist sicher gut, daß die Welt nur das schöne
Werk, nicht auch seine Ursprünge, nicht seine
Entstehungsbedingungen kennt;

9.43

It is surely well that the world knows only the beautiful
work, not its origins, not its conditions of origin;

denn die Kenntnis der Quellen, aus denen dem
Künstler Eingebung floß, würde sie oftmals
verwirren, abschrecken und so die Wirkungen des
Vortrefflichen aufheben.

9.44

for knowledge of the sources from which inspiration
flowed to the artist would often confuse and deter it, and
thus nullify the effects of excellence.

Sonderbare Stunden! Sonderbar entnervende Mühe!

9.45

Strange hours! Strangely enervating toil!

Seltsam zeugender Verkehr des Geistes mit einem
Körper!

9.46

Strangely revealing intercourse of the spirit with a body!

Als Aschenbach seine Arbeit verwahrte und vom
Strande aufbrach, fühlte er sich erschöpft, ja
zerrüttet, und ihm war, als ob sein Gewissen wie
nach einer Ausschweifung Klage führe.

9.47

When Aschenbach put away his work and set out from the
beach, he felt exhausted, even shattered, and he felt as if his
conscience were lamenting a debauch.

Es war am folgenden Morgen, daß er, im Begriff das
Hotel zu verlassen, von der Freitreppe aus gewahrte,
wie Tadzio, schon unterwegs zum Meere — und zwar
allein, — sich eben der Strandsperre näherte.

10.1

It was the following morning that, as he was about to leave
the hotel, he saw from the steps how Tadzio, already on
his way to the sea — and alone — approached the beach
barrier.

10.2 Der Wunsch, der einfache Gedanke, die Gelegenheit
zu nutzen und mit dem, der ihm unwissentlich so viel
Erhebung und Bewegung bereitet, leichte, heitere
Bekanntschaft zu machen, ihn anzureden, sich seiner
Antwort, seines Blickes zu erfreuen, lag nahe und
drängte sich auf.

The desire, the simple thought, to seize the opportunity
and make light, cheerful acquaintance with the man who
was unknowingly causing him so much elevation and
movement, to speak to him, to enjoy his answer, his look,
was obvious and forced itself upon him.

10.3 Der Schöne ging schlendernd, er war einzuholen,
und Aschenbach beschleunigte seine Schritte.

The handsome man strolled along, he was to be caught up,
and Aschenbach quickened his steps.

10.4 Er erreicht ihn auf dem Brettersteig hinter den
Hütten, er will ihm die Hand aufs Haupt, auf die
Schulter legen und irgend ein Wort, eine freundliche
französische Phrase schwebt ihm auf den Lippen:

He reached him on the boardwalk behind the huts, he
wanted to lay his hand on his head, on his shoulder, and
some word, some friendly French phrase was on his lips:

10.5 da fühlt er, daß sein Herz, vielleicht auch vom
schnellen Gang, wie ein Hammer schlägt, daß er,
so knapp bei Atem, nur gepreßt und bebend wird
sprechen können;

Then he feels that his heart is beating like a hammer,
perhaps from walking so fast, that he, so short of breath,
will only be able to speak in a pressed and trembling
manner;

er zögert, er sucht sich zu beherrschen, er fürchtet 10.6
plötzlich, schon zu lange dicht hinter dem Schönen
zu gehen, fürchtet sein Aufmerksamwerden, sein
fragendes Umschauen, nimmt noch einen Anlauf,
versagt, verzichtet und geht gesenkten Hauptes
vorüber.

he hesitates, he tries to control himself, he suddenly fears
that he has been walking too close behind the beautiful
man for too long, fears his attention, his questioning
glance around, makes another attempt, fails, gives up and
walks past with his head bowed.

Zu spät! dachte er in diesem Augenblick. Zu spät! 11.1

Too late! he thought at that moment. Too late!

Jedoch war es zu spät? 11.2

But was it too late?

Dieser Schritt, den zu tun er versäumte, er hätte sehr 11.3
möglicherweise zum Guten, Leichten und Frohen, zu
heilsamer Ernüchterung geführt.

This step, which he had neglected to take, might very
possibly have led to something good, easy and happy, to
salutary disillusionment.

Allein es war wohl an dem, daß der Alternde die 11.4
Ernüchterung nicht wollte, daß der Rausch ihm zu
teuer war.

But it was probably because the aging man did not want
disillusionment, because intoxication was too dear to him.

Wer enträtselt Wesen und Gepräge des Künstlertums! 11.5

Who can unravel the nature and character of artistry!

11.6 Wer begreift die tiefe Instinktverschmelzung von Zucht und Zügellosigkeit, worin es beruht!

Who understands the deep instinctive fusion of discipline and licentiousness in which it is based!

11.7 Denn heilsame Ernüchterung nicht wollen zu können, ist Zügellosigkeit.

For not being able to want salutary disillusionment is licentiousness.

11.8 Aschenbach war zur Selbstkritik nicht mehr aufgelegt;

Aschenbach was no longer inclined to self-criticism;

11.9 der Geschmack, die geistige Verfassung seiner Jahre, Selbstachtung, Reife und späte Einfachheit machten ihn nicht geneigt, Beweggründe zu zergliedern und zu entscheiden, ob er aus Gewissen, ob aus Liederlichkeit und Schwäche sein Vorhaben nicht ausgeführt habe.

his taste, the mental state of his years, self-respect, maturity and late simplicity made him disinclined to dissect motives and decide whether he had not carried out his plan out of conscience, or out of licentiousness and weakness.

11.10 Er war verwirrt, er fürchtete, daß irgend jemand, wenn auch der Strandwächter nur, seinen Lauf, seine Niederlage beobachtet haben möchte, fürchtete sehr die Lächerlichkeit.

He was confused, he was afraid that someone, even if only the lifeguard, might have observed his run, his defeat, he was very much afraid of ridicule.

11.11 Im übrigen scherzte er bei sich selbst über seine komisch-heilige Angst.

For the rest, he joked to himself about his comically holy fear.

»Bestürzt«, dachte er, »bestürzt wie ein Hahn, der
angstvoll seine Flügel im Kampfe hängen läßt.

11.12

"Dismayed," he thought, "as dismayed as a cock that
fearfully hangs its wings in battle.

Das ist wahrlich der Gott, der beim Anblick des
Liebenswürdigen so unseren Mut bricht und unsern
stolzen Sinn so gänzlich zu Boden drückt ...«

11.13

This is truly the God who so breaks our courage at the sight
of the lovely one and so utterly crushes our proud spirit to
the ground ..."

Er spielte, schwärmte und war viel zu hochmütig, um
ein Gefühl zu fürchten.

11.14

He played, raved and was far too haughty to fear any
feeling.

Schon überwachte er nicht mehr den Ablauf der
Mußezeit, die er sich selber gewährt;

12.1

He was already no longer keeping track of the leisure time
he allowed himself;

der Gedanke an Heimkehr berührte ihn nicht einmal.

12.2

the thought of returning home did not even touch him.

Er hatte sich reichlich Geld verschrieben.

12.3

He had put away plenty of money.

Seine Besorgnis galt einzig der möglichen Abreise der
polnischen Familie;

12.4

His only concern was the possible departure of the Polish
family;

12.5 doch hatte er unter der Hand, durch beiläufige Erkundigung beim Coiffeur des Hotels, erfahren, daß diese Herrschaften ganz kurz vor seiner eigenen Ankunft hier abgestiegen seien.

but he had learned in passing, by casual inquiry at the hotel hairdresser's, that these gentlemen had stayed here very shortly before his own arrival.

12.6 Die Sonne bräunte ihm Antlitz und Hände, der erregende Salzhauch stärkte ihn zum Gefühl, und wie er sonst jede Erquickung, die Schlaf, Nahrung oder Natur ihm gespendet, sogleich an ein Werk zu verausgaben gewohnt war, so ließ er nun alles, was Sonne, Muße und Meerluft ihm an täglicher Kräftigung zuführten, hochherzig-unwirtschaftlich aufgehen in Rausch und Empfindung.

The sun was tanning his face and hands, the stimulating salt breeze invigorated his feelings, and just as he was accustomed to spend every refreshment that sleep, food or nature gave him immediately on a work, so now he let everything that the sun, leisure and sea air gave him in the way of daily invigoration be absorbed into intoxication and sensation.

13.1 Sein Schlaf war flüchtig;

His sleep was fleeting;

13.2 die köstlich einförmigen Tage waren getrennt durch kurze Nächte voll glücklicher Unruhe.

the deliciously monotonous days were separated by short nights full of happy restlessness.

Zwar zog er sich zeitig zurück, denn um neun Uhr, wenn Tadzio vom Schauplatz verschwunden war, schien der Tag ihm beendet. 13.3

He retired early, for at nine o'clock, when Tadzio had disappeared from the scene, the day seemed to him to be over.

Aber ums erste Morgengrauen weckte ihn ein zart durchdringendes Erschrecken, sein Herz erinnerte sich seines Abenteuers, es litt ihn nicht mehr in den Kissen, er erhob sich, und leicht eingehüllt gegen die Schauer der Frühe setzte er sich ans offene Fenster, den Aufgang der Sonne zu erwarten. 13.4

But at dawn he was awakened by a tenderly penetrating fright, his heart remembered his adventure, it no longer suffered him in the pillows, he rose, and lightly wrapped against the early morning showers, he sat down at the open window to await the rising of the sun.

Das wundervolle Ereignis erfüllte seine vom Schlafe geweihte Seele mit Andacht. 13.5

The wonderful event filled his soul, consecrated by sleep, with devotion.

Noch lagen Himmel, Erde und Meer in geisterhaft glasiger Dämmerblässe; 13.6

The sky, earth and sea still lay in a ghostly, glassy twilight pallor;

noch schwamm ein vergehender Stern im Wesenlosen. 13.7

a fading star still floated in the insubstantial.

13.8 Aber ein Wehen kam, eine beschwingte Kunde von unnahbaren Wohnplätzen, daß Eos sich von der Seite des Gatten erhebe, und jenes erste, süße Erröten der fernsten Himmels-und Meeresstriche geschah, durch welches das Sinnlichwerden der Schöpfung sich anzeigt.

But a waft came, a lilting tidings from unapproachable abodes, that Eos was rising from her husband's side, and that first, sweet blushing of the farthest reaches of sky and sea took place, by which the sensualization of creation is indicated.

13.9 Die Göttin nahte, die Jünglingsentführerin, die den Kleitos, den Kephalos raubte und dem Neide aller Olympischen trotzend die Liebe des schönen Orion genoß.

The goddess was approaching, the young lady who abducted Cleitus and Cephalus and, defying the envy of all the Olympians, enjoyed the love of the beautiful Orion.

Ein Rosenstreuen begann da am Rande der Welt, ein 13.10
unsäglich holdes Scheinen und Blühen, kindliche
Wolken, verklärt, durchleuchtet, schwebten gleich
dienenden Amoretten im rosigen, bläulichen Duft,
Purpur fiel auf das Meer, das ihn wallend vorwärts
zu schwemmen schien, goldene Speere zuckten
von unten zur Höhe des Himmels hinauf, der Glanz
ward zum Brande, lautlos, mit göttlicher Übergewalt
wälzten sich Glut und Brunst und lodernde Flammen
herauf, und mit raffenden Hufen stiegen des Bruders
heilige Renner über den Erdkreis empor.

A scattering of roses began there at the edge of the world,
an unspeakably lovely shining and blooming, childlike
clouds, transfigured, illuminated, floated like serving
cupids in the rosy, bluish fragrance, purple fell on the
sea, which seemed to wash it flowing forward, golden
spears flashed up from below to the heights of heaven,
the splendor became fire, silently, with divine overpower,
embers and fervour and blazing flames rolled upwards, and
with raking hooves the brother's holy racers rose above the
earth.

Angestrahlt von der Pracht des Gottes saß der 13.11
Einsam-Wache, er schloß die Augen und ließ von
der Glorie seine Lider küssen.

Illuminated by the splendor of the god, the solitary guard
sat, he closed his eyes and let the glory kiss his eyelids.

Ehemalige Gefühle, frühe, köstliche Drangsale 13.12
des Herzens, die im strengen Dienst seines Lebens
erstorben waren und nun so sonderbar gewandelt
zurückkehrten, — er erkannte sie mit verwirrtem,
verwundertem Lächeln.

Former feelings, early, delicious tribulations of the heart,
which had died away in the hard service of his life and now
returned so strangely changed, — he recognized them with
a confused, astonished smile.

166

13.13 Er sann, er träumte, langsam bildeten seine Lippen einen Namen, und noch immer lächelnd, mit aufwärts gekehrtem Antlitz, die Hände im Schöße gefaltet, entschlummerte er in seinem Sessel noch einmal.

He pondered, he dreamed, slowly his lips formed a name, and still smiling, with his face turned upwards, his hands folded in his lap, he dozed off once more in his arm-chair.

14.1 Aber der Tag, der so feurig-festlich begann, war im ganzen seltsam gehoben und mythisch verwandelt.

But the day, which began so fiery and festive, was strangely uplifted and mythically transformed.

14.2 Woher kam und stammte der Hauch, der auf einmal so sanft und bedeutend, höherer Einflüsterung gleich, Schläfe und Ohr umspielte?

Where did the breeze come from and where did it come from, which all of a sudden so gently and significantly, like a higher whisper, played around my temples and ears?

14.3 Weiße Federwölkchen standen in verbreiteten Scharen am Himmel,

White feathery clouds stood in widespread flocks in the sky,

14.4 gleich weidenden Herden der Götter.

like grazing flocks of the gods.

14.5 Stärkerer Wind erhob sich, und die Rosse Poseidons liefen, sich bäumend, daher, Stiere auch wohl, dem Bläulichgelockten gehörig, welche mit Brüllen anrennend die Hörner senkten.

A stronger wind arose, and the horses of Poseidon, rearing, ran along, bulls too, belonging to the bluish-curled one, lowering their horns with a roar.

Zwischen dem Felsengeröll des entfernteren Strandes jedoch hüpften die Wellen empor als springende Ziegen. 14.6
Between the rocks of the distant beach, however, the waves leapt up like leaping goats.

Eine heilig entstellte Welt voll panischen Lebens schloß den Berückten ein, 14.7
A sacredly distorted world full of panic-stricken life enclosed the enraptured man,

und sein Herz träumte zarte Fabeln. 14.8
and his heart dreamed tender fables.

Mehrmals, wenn hinter Venedig die Sonne sank, saß er auf einer Bank im Park, um Tadzio zuzuschauen, der sich, weiß gekleidet und farbig gegürtet, auf dem gewalzten Kiesplatz mit Ballspiel vergnügte, und Hyakinthos war es, den er zu sehen glaubte, und der sterben mußte, weil zwei Götter ihn liebten. 14.9
Several times, when the sun sank behind Venice, he sat on a bench in the park to watch Tadzio, dressed in white and colorfully girded, playing ball on the rolled gravel, and it was Hyakinthos whom he thought he saw, and who had to die because two gods loved him.

Ja, er empfand Zephyrs schmerzenden Neid auf den Nebenbuhler, der des Orakels, des Bogens und der Kithara vergaß, um immer mit dem Schönen zu spielen; 14.10
Yes, he felt Zephyr's aching envy of his rival, who forgot the oracle, the bow and the kithara in order to play with the beautiful one;

14.11 er sah die Wurfscheibe, von grausamer Eifersucht gelenkt, das liebliche Haupt treffen, er empfing, erblassend auch er, den geknickten Leib, und die Blume, dem süßen Blute entsprossen, trug die Inschrift seiner unendlichen Klage ...

he saw the throwing disc, guided by cruel jealousy, hit the lovely head, he received, pale as he was, the bent body, and the flower, sprouting from the sweet blood, bore the inscription of his infinite lament ...

15.1 Seltsamer, heikler ist nichts als das Verhältnis von Menschen, die sich nur mit den Augen kennen, — die täglich, ja stündlich einander begegnen, beobachten und dabei den Schein gleichgültiger Fremdheit grußlos und wortlos aufrecht zu halten durch Sittenzwang oder eigene Grille genötigt sind.

Nothing is stranger, more delicate than the relationship between people who only know each other with their eyes, — who meet and observe each other daily, even hourly, and are forced to maintain the appearance of indifferent strangeness without greeting or word due to moral compulsion or their own cricket.

15.2 Zwischen ihnen ist Unruhe und überreizte Neugier, die Hysterie eines unbefriedigten, unnatürlich unterdrückten Erkenntnis-und Austauschbedürfnisses und namentlich auch eine Art von gespannter Achtung.

Between them there is restlessness and overexcited curiosity, the hysteria of an unsatisfied, unnaturally suppressed need for knowledge and exchange and, above all, a kind of tense respect.

Denn der Mensch liebt und ehrt den Menschen, 15.3
so lange er ihn nicht zu beurteilen vermag, und
die Sehnsucht ist ein Erzeugnis mangelhafter
Erkenntnis.

For man loves and honors man as long as he is unable
to judge him, and longing is a product of inadequate
knowledge.

Irgend eine Beziehung und Bekanntschaft mußte 16.1
sich notwendig ausbilden zwischen Aschenbach und
dem jungen Tadzio, und mit durchdringender Freude
konnte der Ältere feststellen, daß Teilnahme und
Aufmerksamkeit nicht völlig unerwidert blieben.

Some sort of relationship and acquaintance was bound to
develop between Aschenbach and the young Tadzio, and
the older man was delighted to find that his interest and
attention were not entirely unrequited.

Was bewog zum Beispiel den Schönen, niemals 16.2
mehr, wenn er morgens am Strande erschien, den
Brettersteg an der Rückseite der Hütten zu benützen,
sondern nur noch auf dem vorderen Wege, durch
den Sand, an Aschenbachs Wohnplatz vorbei und
manchmal unnötig dicht an ihm vorbei, seinen Tisch,
seinen Stuhl fast streifend, zur Hütte der Seinen zu
schlendern?

What, for instance, induced the handsome man never
again to use the boardwalk at the back of the huts when he
appeared on the beach in the morning, but only to stroll
along the front path, through the sand, past Aschenbach's
place of residence and sometimes unnecessarily close to
him, almost touching his table, his chair, to his own hut?

Wirkte so die Anziehung, 16.3

Was this how the attraction,

16.4 die Faszination eines überlegenen Gefühls auf seinen zarten und gedankenlosen Gegenstand?

the fascination of a superior feeling acted on his delicate and thoughtless subject?

16.5 Aschenbach erwartete täglich Tadzios Auftreten, und zuweilen tat er, als sei er beschäftigt, wenn es sich vollzog, und ließ den Schönen scheinbar unbeachtet vorübergehen.

Aschenbach awaited Tadzio's appearance every day, and sometimes he pretended to be busy when it happened and let the handsome man pass by seemingly unnoticed.

16.6 Zuweilen aber auch blickte er auf, und ihre Blicke trafen sich.

Sometimes, however, he would look up and their eyes would meet.

16.7 Sie waren beide tief ernst, wenn das geschah.

They were both deeply serious when this happened.

16.8 In der gebildeten und würdevollen Miene des Älteren verriet nichts eine innere Bewegung; aber in Tadzios Augen war ein Forschen, ein nachdenkliches Fragen, in seinen Gang kam ein Zögern, er blickte zu Boden, er blickte lieblich wieder auf, und wenn er vorüber war, so schien ein Etwas in seiner Haltung auszudrücken, daß nur Erziehung ihn hinderte, sich umzuwenden.

Nothing in the educated and dignified countenance of the elder betrayed any inner movement; but in Tadzio's eyes there was a searching, a thoughtful questioning; there was a hesitation in his gait; he looked down to the ground, he looked up again sweetly, and when he had passed, something in his attitude seemed to express that only education prevented him from turning back.

Einmal jedoch, eines Abends, begab es sich anders. 17.1

One evening, however, things turned out differently.

Die polnischen Geschwister hatten nebst ihrer 17.2
Gouvernante bei der Hauptmahlzeit im großen
Saale gefehlt, — mit Besorgnis hatte Aschenbach
es wahrgenommen.

The Polish brothers and sisters, together with their
governess, had been absent from the main meal in the
great hall, Aschenbach had noticed with concern.

Er erging sich nach Tische, sehr unruhig über ihren 17.3
Verbleib, in Abendanzug und Strohhut vor dem
Hotel, zu Füßen der Terrasse, als er plötzlich die
nonnenähnlichen Schwestern mit der Erzieherin
und vier Schritte hinter ihnen Tadzio im Lichte der
Bogenlampen auftauchen sah.

He was sitting at the table, very uneasy about their
whereabouts, in his evening suit and straw hat in front
of the hotel, at the foot of the terrace, when he suddenly
saw the nun-like sisters with the governess and Tadzio
appear four steps behind them in the light of the arc lamps.

Offenbar kamen sie von der Dampferbrücke, 17.4

They had obviously come from the steamer bridge,

nachdem sie aus irgendeinem Grunde in der Stadt 17.5
gespeist.

having fed in the town for some reason.

Auf dem Wasser war es wohl kühl gewesen; 17.6

It must have been chilly on the water;

17.7 **Tadzio trug eine dunkelblaue Seemanns-Überjacke mit goldenen Knöpfen und auf dem Kopf eine zugehörige Mütze.**

Tadzio was wearing a dark blue sailor's overcoat with gold buttons and a matching cap on his head.

17.8 **Sonne und Seeluft verbrannten ihn nicht,**

The sun and sea air did not burn him,

17.9 **seine Hautfarbe war marmorhaft gelblich geblieben wie zu Beginn;**

his skin color had remained marble-like yellowish as it had been at the beginning;

17.10 **doch schien er blässer heute als sonst,**

but he seemed paler today than usual,

17.11 **sei es infolge der Kühle oder durch den bleichenden Mondschein der Lampen.**

whether due to the coolness or the pale moonlight from the lamps.

17.12 **Seine ebenmäßigen Brauen zeichneten sich schärfer ab,**

His even brows stood out more sharply,

17.13 **seine Augen dunkelten tief.**

his eyes darkened deeply.

17.14 **Er war schöner, als es sich sagen läßt, und Aschenbach empfand wie schon oftmals mit Schmerzen, daß das Wort die sinnliche Schönheit nur zu preisen, nicht wiederzugeben vermag.**

He was more beautiful than it is possible to say, and Aschenbach felt, as he often did, with pain that words can only praise sensual beauty, not reproduce it.

Er war der teuren Erscheinung nicht gewärtig 18.1
gewesen, sie kam unverhofft, er hatte nicht
Zeit gehabt, seine Miene zu Ruhe und Würde zu
befestigen.

He had not been aware of the precious apparition; it came
unexpectedly; he had not had time to fix his countenance to
calm and dignity.

Freude, Überraschung, Bewunderung mochten sich 18.2
offen darin malen, als sein Blick dem des Vermißten
begegnete, — und in dieser Sekunde geschah es, daß
Tadzio lächelte:

Joy, surprise, admiration might have painted themselves
openly in it when his eyes met those of the missing man, —
and in that second it happened that Tadzio smiled:

ihn anlächelte, sprechend, vertraut, liebreizend und 18.3
unverhohlen, mit Lippen, die sich im Lächeln erst
langsam öffneten.

smiled at him, speaking, intimately, sweetly and
unconcealed, with lips that only slowly opened in a smile.

Es war das Lächeln des Narziß, der sich über das 18.4
spiegelnde Wasser neigt, jenes tiefe, bezauberte,
hingezogene Lächeln, mit dem er nach dem
Widerschein der eigenen Schönheit die Arme
streckt, — ein ganz wenig verzerrtes Lächeln,
verzerrt von der Aussichtslosigkeit seines Trachtens,
die holden Lippen seines Schattens zu küssen, kokett,
neugierig und leise gequält, betört und betörend.

It was the smile of Narcissus bending over the reflecting
water, that deep, enchanted, drawn smile with which
he stretches his arms towards the reflection of his own
beauty, — a very slightly distorted smile, distorted by the
hopelessness of his desire to kiss the fair lips of his shadow,
coquettish, curious and quietly tormented, bewitched and
beguiling.

19.1 Der, welcher dies Lächeln empfangen, enteilte damit wie mit einem verhängnisvollen Geschenk.

He who received this smile escaped with it as with a fatal gift.

19.2 Er war so sehr erschüttert, daß er das Licht der Terrasse, des Vorgartens, zu fliehen gezwungen war und mit hastigen Schritten das Dunkel des rückwärtigen Parkes suchte.

He was so much shaken that he was forced to flee from the light of the terrace, the front garden, and with hasty steps sought the darkness of the park at the back.

19.3 Sonderbar entrüstete und zärtliche Vermahnungen entrangen sich ihm:

Strangely indignant and tender admonitions escaped him:

19.4 »Du darfst so nicht lächeln! Höre,

"You must not smile like that! Listen,

19.5 man darf so niemandem lächeln!«

you mustn't smile like that to anyone!"

19.6 Er warf sich auf eine Bank, er atmete außer sich den nächtlichen Duft der Pflanzen.

He threw himself onto a bench and breathed in the nocturnal scent of the plants.

19.7 Und zurückgelehnt, mit hängenden Armen, überwältigt und mehrfach von Schauern überlaufen, flüsterte er die stehende Formel der Sehnsucht, — unmöglich hier, absurd, verworfen, lächerlich und heilig doch, ehrwürdig auch hier noch:

And leaning back, with arms hanging down, overwhelmed and repeatedly overcome by shivers, he whispered the standing formula of longing, — impossible here, absurd, rejected, ridiculous and sacred yet, venerable even here:

»Ich liebe dich!« 19.8
"I love you!"

Fünftes Kapitel

Fifth Chapter

1.1 **In der vierten Woche seines Aufenthalts auf dem Lido machte Gustav von Aschenbach einige die Außenwelt betreffende unheimliche Wahrnehmungen.**

In the fourth week of his stay on the Lido, Gustav von Aschenbach made some uncanny observations concerning the outside world.

1.2 **Erstens schien es ihm, als ob bei steigender Jahreszeit die Frequenz seines Gasthofes eher ab- als zunähme, und, insbesondere, als ob die deutsche Sprache um ihn her versiege und verstumme, so daß bei Tisch und am Strand endlich nur noch fremde Laute sein Ohr trafen.**

First of all, it seemed to him as if the frequency of his inn was decreasing rather than increasing as the season advanced, and, in particular, as if the German language around him was drying up and falling silent, so that at table and on the beach only foreign sounds finally reached his ears.

Eines Tages dann fing er beim Coiffeur, den er jetzt häufig besuchte, im Gespräche ein Wort auf, das ihn stutzig machte.

1.3

Then one day at the hairdresser's, whom he now visited frequently, he overheard a word in conversation that made him wonder.

Der Mann hatte einer deutschen Familie erwähnt, die soeben nach kurzem Verweilen abgereist war und setzte plaudernd und schmeichelnd hinzu:

1.4

The man had mentioned a German family who had just left after a short stay and added in a chatty and flattering way:

»Sie bleiben, mein Herr;

1.5

"You're staying, sir;

Sie haben keine Furcht vor dem Übel.« Aschenbach sah ihn an.

1.6

you have no fear of evil." Aschenbach looked at him.

»Dem Übel?« wiederholte er.

1.7

"Evil?" he repeated.

Der Schwätzer verstummte, tat beschäftigt, überhörte die Frage, und als sie dringlicher gestellt ward, erklärte er, er wisse von nichts und suchte mit verlegener Beredsamkeit abzulenken.

1.8

The chatterbox fell silent, pretended to be preoccupied, ignored the question, and when it was put more urgently, he declared that he knew nothing and tried to divert attention with embarrassed eloquence.

Das war um Mittag.

2.1

That was around noon.

2.2 **Nachmittags fuhr Aschenbach bei Windstille und schwerem Sonnenbrand nach Venedig; denn ihn trieb die Manie, den polnischen Geschwistern zu folgen, die er mit ihrer Begleiterin den Weg zur Dampferbrücke hatte einschlagen sehen.**

In the afternoon, Aschenbach drove to Venice in calm weather and with a heavy sunburn, for he was driven by the mania to follow the Polish siblings, whom he had seen making their way to the steamboat bridge with their companion.

2.3 **Er fand den Abgott nicht bei San Marco.**

He did not find the idol at San Marco.

2.4 **Aber beim Tee, an seinem eisernen Rundtischchen auf der Schattenseite des Platzes sitzend, witterte er plötzlich in der Luft ein eigentümliches Arom, von dem ihm jetzt schien, als habe es schon seit Tagen, ohne ihm ins Bewußtsein zu dringen, seinen Sinn berührt, — einen süßlich-offizinellen Geruch, der an Elend und Wunden und verdächtige Reinlichkeit erinnerte.**

But at tea, sitting at his little round iron table on the shady side of the square, he suddenly caught a whiff of a peculiar aroma in the air, which now seemed to him as if it had been touching his senses for days without entering his consciousness,-a sweetly officinal odor, reminiscent of misery and wounds and suspicious cleanliness.

2.5 **Er prüfte und erkannte ihn nachdenklich,**

He examined and recognized it thoughtfully,

2.6 **beendete seinen Imbiß und verließ den Platz auf der dem Tempel gegenüberliegenden Seite.**

finished his snack and left the place on the opposite side of the temple.

In der Enge verstärkte sich der Geruch. 2.7

The smell intensified in the narrow space.

An den Straßenecken hafteten gedruckte Anschläge, 2.8
durch welche die Bevölkerung wegen gewisser
Erkrankungen des gastrischen Systems, die bei dieser
Witterung an der Tagesordnung seien, vor dem
Genusse von Austern und Muscheln, auch vor dem
Wasser der Kanäle stadtväterlich gewarnt wurde.

Printed notices were posted on the street corners warning
the population against eating oysters and mussels, as well
as the water of the canals, because of certain diseases of the
gastric system that were common in this weather.

Die beschönigende Natur des Erlasses war deutlich. 2.9

The palliative nature of the decree was clear.

Volksgruppen standen schweigsam auf Brücken und 2.10
Plätzen beisammen;

Groups of people stood together in silence on bridges and
squares;

und der Fremde stand spürend und grübelnd unter 2.11
ihnen.

and the stranger stood among them, sensing and
pondering.

Einen Ladeninhaber, der zwischen Korallenschnüren 3.1
und falschen Amethyst-Geschmeiden in der Türe
seines Gewölbes lehnte, bat er um Auskunft über den
fatalen Geruch.

He asked a shopkeeper, who was leaning in the doorway of
his vault between strings of coral and fake amethyst jewels,
for information about the fatal smell.

3.2 Der Mann maß ihn mit schweren Augen und ermunterte sich hastig.

The man measured him with heavy eyes and hastily encouraged himself.

3.3 »Eine vorbeugende Maßregel, mein Herr!«

"A preventive measure, my lord!"

3.4 antwortete er mit Gebärdenspiel.

he replied with a gesture.

3.5 »Eine Verfügung der Polizei, die man billigen muß.

"An order of the police, which must be approved.

3.6 Diese Witterung drückt,

This weather is oppressive,

3.7 der Scirocco ist der Gesundheit nicht zuträglich.

the Scirocco is not conducive to health.

3.8 Kurz, Sie verstehen, — eine vielleicht übertriebene Vorsicht ...«

In short, you understand — a perhaps excessive caution ..."

3.9 Aschenbach dankte ihm und ging weiter.

Aschenbach thanked him and went on his way.

3.10 Auch auf dem Dampfer, der ihn zum Lido zurücktrug, spürte er jetzt den Geruch des keimbekämpfenden Mittels.

Even on the steamer that carried him back to the Lido, he could now smell the germ-fighting agent.

4.1 Ins Hotel zurückgekehrt,

When he returned to the hotel,

begab er sich sogleich in die Halle zum Zeitungstisch
und hielt in den Blättern Umschau.

4.2

he immediately went to the newspaper table in the hall and
looked through the papers.

Er fand in den fremdsprachigen nichts.

4.3

He found nothing in the foreign-language ones.

Die heimatlichen verzeichneten Gerüchte,
führten schwankende Ziffern an, gaben amtliche
Ableugnungen wieder und bezweifelten deren
Wahrhaftigkeit.

4.4

The local ones reported rumors, quoted fluctuating figures,
reproduced official denials and doubted their veracity.

So erklärte sich der Abzug des deutschen und
österreichischen Elementes.

4.5

This explained the withdrawal of the German and Austrian
elements.

Die Angehörigen der übrigen Nationen wußten
offenbar nichts, ahnten nichts, waren noch nicht
beunruhigt.

4.6

The members of the other nations obviously knew nothing,
suspected nothing, were not yet worried.

»Man soll schweigen!« dachte Aschenbach erregt,

4.7

"One should keep quiet!" thought Aschenbach excitedly,

indem er die Journale auf den Tisch zurückwarf.

4.8

throwing the journals back on the table.

»Man soll das verschweigen!«

4.9

"One should keep quiet about this!"

4.10 Aber zugleich füllte sein Herz sich mit Genugtuung über das Abenteuer, in welches die Außenwelt geraten wollte.

But at the same time his heart filled with satisfaction at the adventure into which the outside world was about to fall.

4.11 Denn der Leidenschaft ist, wie dem Verbrechen, die gesicherte Ordnung und Wohlfahrt des Alltags nicht gemäß, und jede Lockerung des bürgerlichen Gefüges, jede Verwirrung und Heimsuchung der Welt muß ihr willkommen sein, weil sie ihren Vorteil dabei zu finden unbestimmt hoffen kann.

For passion, like crime, is not suited to the secure order and welfare of everyday life, and every loosening of the bourgeois fabric, every confusion and affliction of the world must be welcome to it, because it can indefinitely hope to find its advantage in it.

4.12 So empfand Aschenbach eine dunkle Zufriedenheit über die obrigkeitlich bemäntelten Vorgänge in den schmutzigen Gäßchen Venedigs, — dieses schlimme Geheimnis der Stadt, das mit seinem eigensten Geheimnis verschmolz, und an dessen Bewahrung auch ihm so sehr gelegen war.

Thus Aschenbach felt a dark satisfaction at the events in the dirty little streets of Venice, which were cloaked by the authorities, — this terrible secret of the city, which merged with his own secret, and which he was so anxious to preserve.

4.13 Denn der Verliebte besorgte nichts, als daß Tadzio abreisen könnte und erkannte nicht ohne Entsetzen, daß er nicht mehr zu leben wissen werde, wenn das geschähe.

For the lover feared nothing but that Tadzio might depart, and realized, not without horror, that he would not know how to live if that happened.

Neuerdings begnügte er sich nicht damit, Nähe und   5.1
Anblick des Schönen der Tagesregel und dem Glücke
zu danken;

Of late he was not content to thank the rule of the day and
good fortune for the proximity and sight of the beautiful;

er verfolgte ihn, er stellte ihm nach.   5.2

he pursued him, he stalked him.

Sonntags zum Beispiel erschienen die Polen niemals   5.3
am Strande;

On Sundays, for instance, the Poles never appeared on the
beach;

er erriet, daß sie die Messe in San Marco besuchten,   5.4
er eilte dorthin, und aus der Glut des Platzes in die
goldene Dämmerung des Heiligtums eintretend, fand
er den Entbehrten, über ein Betpult gebeugt beim
Gottesdienst.

he guessed that they were attending mass in St. Mark's, he
hurried there, and emerging from the glow of the square
into the golden twilight of the sanctuary, he found the
deprived man bent over a lectern at the service.

Dann stand er im Hintergrunde, auf zerklüftetem   5.5
Mosaikboden, inmitten knieenden, murmelnden,
kreuzschlagenden Volkes, und die gedrungene Pracht
des morgenländischen Tempels lastete üppig auf
seinen Sinnen.

Then he stood in the background, on the jagged mosaic
floor, amidst kneeling, murmuring, cross-beating people,
and the squat splendor of the oriental temple weighed
heavily on his senses.

5.6 Vorn wandelte, hantierte und sang der schwergeschmückte Priester, Weihrauch quoll auf, er umnebelte die kraftlosen Flämmchen der Altarkerzen, und in den dumpfsüßen Opferduft schien sich leise ein anderer zu mischen:

In front, the heavily adorned priest walked, handled and sang, incense billowed up, fogging the feeble flames of the altar candles, and another seemed to mingle softly with the muffled scent of sacrifice:

5.7 der Geruch der erkrankten Stadt.

the smell of the diseased city.

5.8 Aber durch Dunst und Gefunkel sah Aschenbach, wie der Schöne dort vorn den Kopf wandte, ihn suchte und ihn erblickte.

But through the haze and gloom, Aschenbach saw the beauty up ahead turn her head, look for him and catch sight of him.

6.1 Wenn dann die Menge durch die geöffneten Portale hinausströmte auf den leuchtenden, von Tauben wimmelnden Platz, verbarg sich der Betörte in der Vorhalle, er versteckte sich, er legte sich auf die Lauer.

Then, when the crowd streamed out through the open portals into the shining square, teeming with doves, the beguiled man hid in the vestibule, he hid, he lay in wait.

6.2 Er sah die Polen die Kirche verlassen, sah, wie die Geschwister sich auf zeremoniöse Art von der Mutter verabschiedeten und wie diese sich heimkehrend zur Piazzetta wandte;

He saw the Poles leave the church, saw the brothers and sisters take ceremonial leave of their mother, and the latter, returning home, turn towards the Piazzetta;

185

er stellte fest, daß der Schöne, die klösterlichen
Schwestern und die Gouvernante den Weg zur
Rechten durch das Tor des Uhrturmes und in die
Merceria einschlugen, und nachdem er sie einigen
Vorsprung hatte gewinnen lassen, folgte er ihnen,
folgte ihnen verstohlen auf ihrem Spaziergang durch
Venedig.

6.3

he noticed that the Beauty, the cloistered sisters, and the
governess were making their way to the right through the
gate of the clock tower and into the Merceria, and having
given them some head start, he followed them, followed
them stealthily on their walk through Venice.

Er mußte stehen bleiben, wenn sie sich verweilten,
mußte in Garküchen und Höfe flüchten, um die
Umkehrenden vorüber zu lassen;

7.1

He had to stop when they lingered, had to flee into
cookshops and courtyards to let those turning back pass;

er verlor sie, suchte erhitzt und erschöpft nach ihnen
über Brücken und in schmutzigen Sackgassen und
erduldete Minuten tödlicher Pein, wenn er sie
plötzlich in enger Passage, wo kein Ausweichen
möglich war, sich entgegenkommen sah.

7.2

he lost them, searched for them, heated and exhausted,
over bridges and in dirty dead ends, and endured
minutes of deadly torment when he suddenly saw them
approaching him in narrow passages where no evasion was
possible.

Dennoch kann man nicht sagen, daß er litt.

7.3

Yet it cannot be said that he suffered.

7.4 Haupt und Herz waren ihm trunken, und seine
Schritte folgten den Weisungen des Dämons, dem
es Lust ist, des Menschen Vernunft und Würde unter
seine Füße zu treten.

His head and heart were drunk, and his steps followed
the instructions of the demon, who delights in trampling
man's reason and dignity under his feet.

8.1 Irgendwo nahmen Tadzio und die Seinen dann wohl
eine Gondel, und Aschenbach, den, während sie
einstiegen, ein Vorbau, ein Brunnen verborgen
gehalten hatte, tat, kurz nachdem sie vom Ufer
abgestoßen, ein Gleiches.

Somewhere Tadzio and his party took a gondola, and
Aschenbach, who had been concealed by a porch, a well,
while they boarded, did the same shortly after they had
pushed off from the shore.

8.2 Er sprach hastig und gedämpft, wenn er den
Ruderer, unter dem Versprechen eines reichlichen
Trinkgeldes, anwies, jener Gondel, die eben dort um
die Ecke biege, unauffällig in einigem Abstand zu
folgen;

He spoke in a hurried and subdued manner when he
instructed the oarsman, with the promise of a generous
tip, to follow the gondola, which was just turning the
corner, unobtrusively and at some distance;

8.3 und es überrieselte ihn, wenn der Mensch,
mit der spitzbübischen Erbötigkeit eines
Gelegenheitsmachers, ihm in demselben Tone
versicherte, daß er bedient, daß er gewissenhaft
bedient werden solle.

and he was overcome with delight when the man, with the
mischievous mischievousness of an opportunist, assured
him in the same tone that he was to be served, that he was
to be served conscientiously.

So glitt und schwankte er denn, in weiche, schwarze Kissen gelehnt, der anderen schwarzen, geschnabelten Barke nach, an deren Spur die Passion ihn fesselte. 9.1

So he glided and swayed, leaning into soft, black cushions, after the other black, beaked barque, to whose track his passion bound him.

Zuweilen entschwand sie ihm: 9.2

At times it slipped away from him:

dann fühlte er Kummer und Unruhe. 9.3

then he felt sorrow and restlessness.

Aber sein Führer, als sei er in solchen Aufträgen wohl geübt, wußte ihm stets durch schlaue Manöver, durch rasche Querfahrten und Abkürzungen das Begehrte wieder vor Augen zu bringen. 9.4

But his guide, as if he were well practiced in such tasks, always knew how to bring what he wanted back before his eyes with clever maneuvers, quick crossings and shortcuts.

Die Luft war still und riechend, schwer brannte die Sonne durch den Dunst, der den Himmel schieferig färbte. 9.5

The air was still and smelly, the sun burned heavily through the haze that colored the sky slate-like.

Wasser schlug glucksend gegen Holz und Stein. 9.6

Water gurgled against wood and stone.

Der Ruf des Gondoliers, halb Warnung, halb Gruß, ward fernher aus der Stille des Labyrinths nach sonderbarer Übereinkunft beantwortet. 9.7

The gondolier's call, half warning, half greeting, was answered far away from the silence of the labyrinth by strange agreement.

9.8 **Aus kleinen, hochliegenden Gärten hingen Blütendolden, weiß und purpurn, nach Mandeln duftend, über morsches Gemäuer.**

White and purple umbels of almond-scented flowers hung from small, raised gardens over rotten walls.

9.9 **Arabische Fensterumrahmungen bildeten sich im Trüben ab.**

Arabian window frames appeared in the gloom.

9.10 **Die Marmorstufen einer Kirche stiegen in die Flut; ein Bettler, darauf kauernd, sein Elend beteuernd, hielt seinen Hut hin und zeigte das Weiße der Augen, als sei er blind, ein Altertumshändler, vor seiner Spelunke, lud den Vorüberziehenden mit kriecherischen Gebärden zum Aufenthalt ein, in der Hoffnung, ihn zu betrügen.**

The marble steps of a church rose into the flood; a beggar, crouching on them, protesting his misery, held out his hat and showed the whites of his eyes as if he were blind; an antiquarian, outside his dive, invited the passer-by to stay with grovelling gestures, hoping to cheat him.

9.11 **Das war Venedig, die schmeichlerische und verdächtige Schöne, — diese Stadt, halb Märchen, halb Fremdenfalle, in deren fauliger Luft die Kunst einst schwelgerisch aufwucherte und welche den Musikern Klänge eingab, die wiegen und buhlerisch einlullen.**

This was Venice, the flattering and suspicious beauty, — this city, half fairy tale, half foreign trap, in whose foul air art once luxuriated and which gave musicians sounds that lulled and lulled.

Dem Abenteuernden war es, als tränke sein Auge   9.12
dergleichen Üppigkeit, als würde sein Ohr von
solchen Melodien umworben;
To the adventurer it was as if his eye drank in such
luxuriance, as if his ear were wooed by such melodies;

er erinnerte sich auch, daß die Stadt krank sei und   9.13
es aus Gewinnsucht verheimliche, und er spähte
ungezügelter aus nach der voranschwebenden
Gondel.
he also remembered that the city was ill and concealed
it out of greed for profit, and he peered out more
unrestrainedly at the gondola floating ahead.

So wußte und wollte denn der Verwirrte nichts   10.1
anderes mehr, als den Gegenstand, der ihn
entzündete, ohne Unterlaß zu verfolgen, von ihm
zu träumen, wenn er abwesend war, und, nach der
Weise der Liebenden, seinem bloßen Schattenbild
zärtliche Worte zu geben.
Thus the bewildered man knew and wanted nothing more
than to pursue without ceasing the object that inflamed
him, to dream of him when he was absent, and, after the
manner of lovers, to give tender words to his mere shadowy
image.

10.2 Einsamkeit, Fremde und das Glück eines späten und tiefen Rausches ermutigten und überredeten ihn, sich auch das Befremdlichste ohne Scheu und Erröten durchgehen zu lassen, wie es denn vorgekommen war, daß er, spät abends von Venedig heimkehrend, im ersten Stock des Hotels an des Schönen Zimmertür Halt gemacht, seine Stirn in völliger Trunkenheit an die Angel der Tür gelehnt und sich lange von dort nicht zu trennen vermocht hatte, auf die Gefahr, in einer so wahnsinnigen Lage ertappt und betroffen zu werden.

Loneliness, strangeness, and the happiness of a late and deep intoxication encouraged and persuaded him to let himself pass through even the most disconcerting things without shyness or blushes, as it had happened that, returning from Venice late at night, he had stopped at the door of Beauty's room on the second floor of the hotel, leaned his forehead against the hinge of the door in complete drunkenness, and had not been able to separate himself from it for a long time, at the risk of being caught and affected in such an insane position.

11.1 Dennoch fehlte es nicht an Augenblicken des Innehaltens und der halben Besinnung.

Nevertheless, there was no lack of moments of pause and half-reflection.

11.2 Auf welchen Wegen! dachte er dann mit Bestürzung.

In what ways! he then thought with dismay.

11.3 Auf welchen Wegen!

In what ways!

Wie jeder Mann, dem natürliche Verdienste ein 11.4
aristokratisches Interesse für seine Abstammung
einflößen, war er gewohnt, bei den Leistungen und
Erfolgen seines Lebens der Vorfahren zu gedenken,
sich ihrer Zustimmung, ihrer Genugtuung, ihrer
notgedrungenen Achtung im Geiste zu versichern.
Like every man to whom natural merit instills an
aristocratic interest in his ancestry, he was accustomed
to remember his ancestors in the achievements and
successes of his life, to assure himself of their approval,
their satisfaction, their necessary respect in his mind.

Er dachte ihrer auch jetzt und hier, verstrickt in ein 11.5
so unstatthaftes Erlebnis, begriffen in so exotischen
Ausschweifungen des Gefühls;
He thought of them here and now, entangled in such an
unacceptable experience, caught up in such exotic excesses
of feeling;

gedachte der haltungsvollen Strenge, 11.6
he thought of the poised severity,

der anständigen Männlichkeit ihres Wesens und 11.7
lächelte schwermütig.
the decent masculinity of their nature and smiled wistfully.

Was würden sie sagen? 11.8
What would they say?

11.9 Aber freilich, was hätten sie zu seinem ganzen Leben gesagt, das von dem ihren so bis zur Entartung abgewichen war, zu diesem Leben im Banne der Kunst, über das er selbst einst, im Bürgersinne der Väter, so spöttische Jünglingserkenntnisse hatte verlauten lassen und das dem ihren im Grunde so ähnlich gewesen war!

But, of course, what would they have said to his whole life, which had diverged from theirs to the point of degeneracy, to this life under the spell of art, about which he himself had once, in the civic spirit of his fathers, made such mocking youthful remarks, and which had basically been so similar to theirs!

11.10 Auch er hatte gedient, auch er sich in harter Zucht geübt;

He too had served, he too had practiced hard discipline;

11.11 auch er war Soldat und Kriegsmann gewesen, gleich manchen von ihnen, — denn die Kunst war ein Krieg, ein aufreibender Kampf, für welchen man heute nicht lange taugte.

he too had been a soldier and a man of war, like many of them, — for art was a war, a grueling battle, for which one was not fit for long today.

Ein Leben der Selbstüberwindung und des Trotzdem, 11.12
ein herbes, standhaftes und enthaltsames Leben, das
er zum Sinnbild für einen zarten und zeitgemäßen
Heroismus gestaltet hatte, — wohl durfte er es
männlich, durfte es tapfer nennen, und es wollte ihm
scheinen, als sei der Eros, der sich seiner bemeistert,
einem solchen Leben auf irgendeine Weise besonders
gemäß und geneigt.

A life of self-conquest and self-sacrifice, an austere,
steadfast and abstemious life, which he had made the
symbol of a tender and contemporary heroism,-although
he could call it manly, could call it brave, and it seemed
to him as if the Eros that mastered him was in some way
particularly suited and inclined to such a life.

Hatte er nicht bei den tapfersten Völkern vorzüglich 11.13
in Ansehen gestanden, ja, hieß es nicht, daß er durch
Tapferkeit in ihren Städten geblüht habe?

Had he not been held in high esteem by the bravest nations,
indeed, was it not said that he had flourished in their cities
through valor?

Zahlreiche Kriegshelden der Vorzeit hatten willig 11.14
sein Joch getragen, denn gar keine Erniedrigung galt,
die der Gott verhängte, und Taten, die als Merkmale
der Feigheit wären gescholten worden, wenn sie um
anderer Zwecke willen geschehen wären:

Numerous heroes of war in ancient times had willingly
borne his yoke, for no humiliation was worthy of the god,
and deeds that would have been reproached as signs of
cowardice if they had been done for other purposes:

11.15 Fußfälle, Schwüre, inständige Bitten und sklavisches Wesen, solche gereichten dem Liebenden nicht zur Schande, sondern er erntete vielmehr noch Lob dafür.

Footfalls, oaths, fervent supplications and slavish nature, such were not a disgrace to the lover, but rather he still reaped praise for them.

12.1 So war des Betörten Denkweise bestimmt, so suchte er sich zu stützen, seine Würde zu wahren.

This was how the infatuated man thought, how he sought to support himself, to preserve his dignity.

12.2 Aber zugleich wandte er beständig eine spürende und eigensinnige Aufmerksamkeit den unsauberen Vorgängen im Innern Venedigs zu, jenem Abenteuer der Außenwelt, das mit dem seines Herzens dunkel zusammenfloß und seine Leidenschaft mit unbestimmten, gesetzlosen Hoffnungen nährte.

But at the same time he constantly turned a perceptive and obstinate attention to the impure happenings within Venice, that adventure of the outside world which flowed darkly together with that of his heart and nourished his passion with vague, lawless hopes.

12.3 Versessen darauf, Neues und Sicheres über Stand oder Fortschritt des Übels zu erfahren, durchstöberte er in den Kaffeehäusern der Stadt die heimatlichen Blätter, da sie vom Lesetisch der Hotelhalle seit mehreren Tagen verschwunden waren.

Eager to learn something new and certain about the state or progress of the evil, he rummaged through the local papers in the city's coffee houses, as they had disappeared from the reading table in the hotel lobby several days ago.

12.4 Behauptungen und Widerrufe wechselten darin.

Claims and refutations alternated in them.

Die Zahl der Erkrankungs-, der Todesfälle sollte
sich auf zwanzig, auf vierzig, ja hundert und mehr
belaufen, und gleich darauf wurde jedes Auftreten
der Seuche wenn nicht rundweg in Abrede gestellt, so
doch auf völlig vereinzelte, von außen eingeschleppte
Fälle zurückgeführt.

12.5

The number of cases of illness and death was said to be
twenty, forty, even a hundred and more, and immediately
afterwards every occurrence of the epidemic was, if not
outright denied, at least attributed to completely isolated
cases brought in from outside.

Warnende Bedenken, Proteste gegen das gefährliche
Spiel der welschen Behörden waren eingestreut.

12.6

Warning concerns and protests against the dangerous
game played by the French authorities were interspersed.

Gewißheit war nicht zu erlangen.

12.7

Certainty could not be obtained.

Dennoch war sich der Einsame eines besonderen
Anrechtes bewußt, an dem Geheimnis teil zu haben,
und, gleichwohl ausgeschlossen, fand er eine bizarre
Genugtuung darin, die Wissenden mit verfänglichen
Fragen anzugehen und sie, die zum Schweigen
verbündet waren, zur ausdrücklichen Lüge zu
nötigen.

13.1

Nevertheless, the lone man was aware of a special right
to share in the secret and, although excluded, he found a
bizarre satisfaction in approaching those in the know with
captious questions and forcing them, who were allied to
silence, to lie outright.

13.2 Eines Tages beim Frühstück im großen Speisesaal
stellte er so den Geschäftsführer zur Rede,
jenen kleinen, leise auftretenden Menschen im
französischen Gehrock, der sich grüßend und
beaufsichtigend zwischen den Speisenden bewegte
und auch an Aschenbachs Tischchen zu einigen
Plauderworten Halt machte.

One day at breakfast in the large dining room, he
confronted the manager, a small, soft-spoken man in a
French frock coat, who moved between the diners greeting
and supervising them and also stopped at Aschenbach's
table for a few words of conversation.

13.3 Warum man denn eigentlich, fragte der Gast in
lässiger und beiläufiger Weise, warum in aller Welt,
man seit einiger Zeit Venedig desinfiziere?

Why, the guest asked casually and casually, why on earth
have they been disinfecting Venice for some time now?

13.4 — »Es handelt sich«, antwortete der Schleicher,
»um eine Maßnahme der Polizei, bestimmt,
allerlei Unzuträglichkeiten oder Störungen der
öffentlichen Gesundheit, welche durch die brütende
und ausnehmend warme Witterung erzeugt
werden möchten, pflichtgemäß und beizeiten
hintanzuhalten.

— "It is," replied the sneak, "a measure of the police,
intended to dutifully and promptly prevent all kinds of
inconveniences or disturbances to public health, which
might be caused by the brooding and exceptionally warm
weather.

13.5 « — »Die Polizei ist zu loben«, erwiderte Aschenbach,
und nach Austausch einiger meteorologischer
Bemerkungen empfahl sich der Manager.

" — "The police are to be praised," replied Aschenbach,
and after exchanging a few meteorological remarks, the
manager made his exit.

Selbigen Tages noch, abends nach dem
Diner, geschah es, daß eine kleine Bande von
Straßensängern aus der Stadt sich im Vorgarten
des Gasthofes hören ließ.

14.1

That same day, in the evening after dinner, a small band of
street singers from the town made themselves heard in the
front garden of the inn.

Sie standen, zwei Männer und zwei Weiber, an dem
eisernen Mast einer Bogenlampe und wandten ihre
weißbeschienenen Gesichter zur großen Terrasse
empor, wo die Kurgesellschaft sich bei Kaffee und
kühlenden Getränken die volkstümliche Darbietung
gefallen ließ.

14.2

They stood, two men and two women, at the iron pole of
an arc lamp and turned their white-lit faces up to the large
terrace, where the spa guests were enjoying the popular
performance over coffee and cool drinks.

Das Hotelpersonal, Liftboys, Kellner und Angestellte
der Office, zeigte sich lauschend an den Türen zur
Halle.

14.3

The hotel staff, elevator boys, waiters and office staff, stood
listening at the doors to the hall.

Die russische Familie, eifrig und genau im Genuß,
hatte sich Rohrstühle in den Garten hinabstellen
lassen, um den Ausübenden näher zu sein, und saß
dort dankbar im Halbkreise.

14.4

The Russian family, eager and precise in their enjoyment,
had cane chairs placed in the garden in order to be closer to
the performers, and sat there gratefully in a semicircle.

Hinter der Herrschaft, in turbanartigem Kopftuch,
stand ihre alte Sklavin.

14.5

Behind the mistress, in a turban-like headscarf, stood her
old slave.

15.1 Mandoline, Guitarre, Harmonika und eine quinkelierende Geige waren unter den Händen der Bettelvirtuosen in Tätigkeit.

Mandolin, guitar, harmonica and a quivering violin were in action under the hands of the beggar virtuosos.

15.2 Mit instrumentalen Durchführungen wechselten Gesangsnummern, wie denn das jüngere der Weiber, scharf und quäkend von Stimme, sich mit dem süß falsettierenden Tenor zu einem verlangenden Liebesduett zusammentat.

Singing numbers alternated with instrumental performances, as the younger of the women, sharp and croaking of voice, joined forces with the sweetly falsettoing tenor for a demanding love duet.

15.3 Aber als das eigentliche Talent und Haupt der Vereinigung zeigte sich unzweideutig der andere der Männer, Inhaber der Guitarre und im Charakter eine Art Baryton-Buffo, fast ohne Stimme dabei, aber mimisch begabt und von bemerkenswerter komischer Energie.

But the other of the men, the owner of the guitar and in character a kind of baryton buffo, almost without a voice, but mimically gifted and of remarkable comic energy, proved to be the real talent and head of the group.

15.4 Oftmals löste er sich, sein großes Instrument im Arm, von der Gruppe der anderen los und drang agierend gegen die Rampe vor, wo man seine Eulenspiegeleien mit aufmunterndem Lachen belohnte.

He often broke away from the group of others, his large instrument in his arms, and advanced towards the ramp, where his owlish antics were rewarded with encouraging laughter.

Namentlich die Russen, in ihrem Parterre, zeigten
sich entzückt über soviel südliche Beweglichkeit und
ermutigten ihn durch Beifall und Zurufe, immer
kecker und sicherer aus sich heraus zu gehen.

15.5

The Russians in particular, in their parterre, were
delighted by so much southern agility and encouraged him
with applause and shouts to be bolder and more confident.

Aschenbach saß an der Balustrade und kühlte
zuweilen die Lippen mit einem Gemisch aus
Granatapfelsaft und Soda,

16.1

Aschenbach sat on the balustrade and occasionally cooled
his lips with a mixture of pomegranate juice and soda,

das vor ihm rubinrot im Glase funkelte.

16.2

which sparkled ruby red in the glass before him.

Seine Nerven nahmen die dudelnden Klänge, die
vulgären und schmachtenden Melodien begierig auf,
denn die Leidenschaft lähmt den wählerischen Sinn
und läßt sich allen Ernstes mit Reizen ein, welche
die Nüchternheit humoristisch aufnehmen oder
unwillig ablehnen würde.

16.3

His nerves eagerly absorbed the dulcet tones, the vulgar
and languorous melodies, for passion paralyzes the
discriminating sense and becomes seriously involved
with stimuli which sobriety would humorously accept or
unwillingly reject.

Seine Züge waren durch die Sprünge des Gauklers
zu einem fix gewordenen und schon schmerzenden
Lächeln verrenkt.

16.4

His features were contorted by the juggler's leaps into a
fixed and already painful smile.

16.5 Er saß lässig da, während eine äußerste Aufmerksamkeit sein Inneres spannte, denn sechs Schritte von ihm lehnte Tadzio am Steingeländer.

He sat there casually, while an extreme alertness tightened his inner being, for six paces from him Tadzio was leaning against the stone railing.

17.1 Er stand dort in dem weißen Gürtelanzug, den er zuweilen zur Hauptmahlzeit anlegte, in unvermeidlicher und anerschaffener Grazie, den linken Unterarm auf der Brüstung, die Füße gekreuzt, die rechte Hand in der tragenden Hüfte, und blickte mit einem Ausdruck, der kaum ein Lächeln, nur eine entfernte Neugier, ein höfliches Entgegennehmen war, zu den Bänkelsängern hinab.

He stood there in the white belted suit that he sometimes put on for the main meal, with an inevitable and unassuming grace, his left forearm on the parapet, his feet crossed, his right hand on his supporting hip, looking down at the pew-singers with an expression that was hardly a smile, just a distant curiosity, a polite acceptance.

17.2 Manchmal richtete er sich gerade auf und zog, indem er die Brust dehnte, mit einer schönen Bewegung beider Arme den weißen Kittel durch den Ledergürtel hinunter.

Sometimes he straightened up and, expanding his chest, pulled the white coat down through the leather belt with a beautiful movement of both arms.

Manchmal aber auch, und der Alternde gewahrte es mit Triumph, mit einem Taumeln seiner Vernunft und auch mit Entsetzen, wandte er zögernd und behutsam oder auch rasch und plötzlich, als gelte es eine Überrumpelung, den Kopf über die linke Schulter gegen den Platz seines Liebhabers.

17.3

Sometimes, however, and the old man realized it with triumph, with a staggering of his reason and also with horror, he turned his head hesitantly and cautiously or also quickly and suddenly, as if it were a surprise, over his left shoulder towards the place of his lover.

Er fand nicht dessen Augen, denn eine schmähliche Besorgnis zwang den Verwirrten, seine Blicke ängstlich im Zaum zu halten.

17.4

He did not find his lover's eyes, for a shameful apprehension forced the bewildered man to keep his gaze anxiously in check.

Im Grund der Terrasse saßen die Frauen, die Tadzio behüteten, und es war dahin gekommen, daß der Verliebte fürchten mußte, auffällig geworden und beargwöhnt zu sein.

17.5

At the bottom of the terrace sat the women who guarded Tadzio, and it had come to pass that the lover must have feared that he had become conspicuous and was being mistrusted.

17.6 Ja, mit einer Art von Erstarrung hatte er mehrmals, am Strande, in der Hotelhalle und auf der Piazza San Marco, zu bemerken gehabt, daß man Tadzio aus seiner Nähe zurückrief, ihn von ihm fernzuhalten bedacht war — und eine furchtbare Beleidigung daraus entnehmen müssen, unter der sein Stolz sich in ungekannten Qualen wand, und welche von sich zu weisen sein Gewissen ihn hinderte.

Indeed, he had noticed several times, on the beach, in the hotel lobby, and in the Piazza San Marco, with a kind of numbness, that Tadzio was being called back from his presence, that he was being kept away from him, and that he had to take a terrible insult from it, under which his pride was writhing in unknown agony, and which his conscience prevented him from rejecting.

18.1 Unterdessen hatte der Guitarrist zu eigener Begleitung ein Solo begonnen, einen mehrstrophigen, eben in ganz Italien florierenden Gassenhauer, in dessen Kehrreim seine Gesellschaft jedesmal mit Gesang und sämtlichem Musikzeug einfiel und den er auf eine plastisch-dramatische Art zum Vortrag zu bringen wußte.

In the meantime, the guitarist had begun a solo to his own accompaniment, a multi-verse popular song that was flourishing all over Italy, into the rhyme of which his company always joined in with their singing and all their musical equipment, and which he knew how to perform in a vividly dramatic manner.

Schmächtig gebaut und auch von Antlitz mager
und ausgemergelt, stand er, abgetrennt von den
Seinen, den schäbigen Filz im Nacken, so daß
ein Wulst seines roten Haars unter der Krempe
hervorquoll, in einer Haltung von frecher Bravour
auf dem Kies und schleuderte zum Schollern der
Saiten in eindringlichem Sprechgesang seine Späße
zur Terrasse empor, indes vor produzierender
Anstrengung die Adern auf seiner Stirne schwollen.

18.2

Slenderly built and also lean and emaciated of countenance,
he stood on the gravel, detached from his own, the shabby
felt on his neck, so that a bead of his red hair spilled out
from under the brim, in an attitude of insolent bravura,
and hurled his jokes up to the terrace in insistent chanting
to the strumming of the strings, while the veins on his
forehead swelled with productive exertion.

Er schien nicht venezianischen Schlages, vielmehr
von der Rasse der neapolitanischen Komiker, halb
Zuhälter, halb Komödiant, brutal und verwegen,
gefährlich und unterhaltend.

18.3

He did not appear to be Venetian, but rather of the breed of
Neapolitan comedians, half pimp, half comedian, brutal
and daring, dangerous and entertaining.

Sein Lied, lediglich albern dem Wortlaut nach,
gewann in seinem Munde, durch sein Mienenspiel,
seine Körperbewegungen, seine Art, andeutend zu
blinzeln und die Zunge schlüpfrig im Mundwinkel
spielen zu lassen, etwas Zweideutiges, unbestimmt
Anstößiges.

18.4

His song, merely silly in its wording, took on an ambiguous,
indefinitely offensive quality in his mouth, through his
facial expressions, his body movements, his way of winking
suggestively and letting his tongue play slippery in the
corner of his mouth.

18.5 Dem weichen Kragen des Sporthemdes, das er zu übrigens städtischer Kleidung trug, entwuchs sein hagerer Hals mit auffallend groß und nackt wirkendem Adamsapfel.

From the soft collar of the sports shirt, which he wore with incidentally urban clothing, emerged his gaunt neck with a conspicuously large and naked-looking Adam's apple.

18.6 Sein bleiches, stumpfnäsiges Gesicht, aus dessen bartlosen Zügen schwer auf sein Alter zu schließen war, schien durchpflügt von Grimassen und Laster, und sonderbar wollten zum Grinsen seines beweglichen Mundes die beiden Furchen passen, die trotzig, herrisch, fast wild zwischen seinen rötlichen Brauen standen.

His pale, dull-nosed face, from whose beardless features it was difficult to deduce his age, seemed to be plowed through with grimaces and vices, and the two furrows that stood defiantly, imperiously, almost wildly between his reddish brows seemed strangely to match the grin of his mobile mouth.

18.7 Was jedoch des Einsamen tiefe Achtsamkeit eigentlich auf ihn lenkte, war die Bemerkung, daß die verdächtige Figur auch ihre eigene verdächtige Atmosphäre mit sich zu führen schien.

But what actually drew the lone man's deep attention to him was the remark that the suspicious figure seemed to carry its own suspicious atmosphere with it.

Jedesmal nämlich, wenn der Refrain wieder
einsetzte, unternahm der Sänger unter Faxen
und grüßendem Handschütteln einen grotesken
Rundmarsch, der ihn unmittelbar unter
Aschenbachs Platz vorüberführte, und jedesmal,
wenn das geschah, wehte, von seinen Kleidern,
seinem Körper ausgehend, ein Schwaden starken
Karbolgeruchs zur Terrasse empor.

18.8

For every time the chorus began again, the singer, with
faxes and greeting handshakes, undertook a grotesque
circular march that led him directly under Aschenbach's
seat, and every time this happened, a vapor of strong
carbolic odor wafted up from his clothes, his body, to the
terrace.

Nach geendigtem Couplet begann er, Geld
einzuziehen.

19.1

After the couplet was over, he began to collect money.

Er fing bei den Russen an, die man bereitwillig
spenden sah, und kam dann die Stufen herauf.

19.2

He started with the Russians, who were seen donating
willingly, and then came up the steps.

So frech er sich bei der Produktion benommen,

19.3

As cheeky as he was during the production,

so demütig zeigte er sich hier oben.

19.4

he was just as humble up here.

19.5 Katzbuckelnd, unter Kratzfüßen schlich er zwischen den Tischen umher, und ein Lächeln tückischer Unterwürfigkeit entblößte seine starken Zähne, während doch immer noch die beiden Furchen drohend zwischen seinen roten Brauen standen.

He stalked between the tables, hunched over, scratching his feet, and a smile of treacherous obsequiousness bared his strong teeth, while the two furrows still stood menacingly between his red brows.

19.6 Man musterte das fremdartige, seinen Unterhalt einsammelnde Wesen mit Neugier und einigem Abscheu, man warf mit spitzen Fingern Münzen in seinen Filz und hütete sich, ihn zu berühren.

People looked at the strange creature that collected his sustenance with curiosity and some disgust, they threw coins into his felt with pointed fingers and were careful not to touch him.

19.7 Die Aufhebung der physischen Distanz zwischen dem Komödianten und den Anständigen erzeugt, und war das Vergnügen noch so groß, stets eine gewisse Verlegenheit.

The elimination of the physical distance between the comedian and the respectable, however great the pleasure, always produced a certain embarrassment.

19.8 Er fühlte sie und suchte, sich durch Kriecherei zu entschuldigen.

He felt it and tried to excuse himself by grovelling.

19.9 Er kam zu Aschenbach und mit ihm der Geruch,

He came to Aschenbach and with him the smell,

19.10 über den niemand ringsum sich Gedanken zu machen schien.

which no one around him seemed to be concerned about.

»Höre!« sagte der Einsame gedämpft und fast   20.1
mechanisch.
"Listen!" said the lonely man, muffled and almost
mechanical.

»Man desinfiziert Venedig. Warum?«   20.2
"They're disinfecting Venice. Why?"

— Der Spaßmacher antwortete heiser: »Von wegen   20.3
der Polizei!
The joker replied hoarsely: "Because of the police!

Das ist Vorschrift, mein Herr, bei solcher Hitze und   20.4
bei Scirocco.
That's the rule, sir, in this heat and with Scirocco.

Der Scirocco drückt.   20.5
The Scirocco is oppressive.

Er ist der Gesundheit nicht zuträglich ...«   20.6
It's not good for your health ..."

Er sprach wie verwundert darüber, daß man   20.7
dergleichen fragen könne und demonstrierte mit
der flachen Hand, wie sehr der Scirocco drücke.
He spoke as if astonished that such a question could be
asked, and demonstrated with the flat of his hand how
much the scirocco was oppressive.

— »Es ist also kein Übel in Venedig?«   20.8
"So there is no evil in Venice?"

fragte Aschenbach sehr leise und zwischen den   20.9
Zähnen.
asked Aschenbach very quietly, between his teeth.

20.10 — Die muskulösen Züge des Possenreißers fielen in eine Grimasse komischer Ratlosigkeit.

— And the buffoon's muscular features fell into a grimace of comical perplexity.

20.11 »Ein Übel? Aber was für ein Übel?

"An evil? But what kind of evil?

20.12 Ist der Scirocco ein Übel?

Is the Scirocco an evil?

20.13 Ist vielleicht unsere Polizei ein Übel?

Is our police perhaps an evil?

20.14 Sie belieben zu scherzen! Ein Übel! Warum nicht gar!

You seem to be joking! An evil! Why not!

20.15 Eine vorbeugende Maßregel, verstehen Sie doch!

A preventive measure, you understand!

20.16 Eine polizeiliche Anordnung gegen die Wirkungen der drückenden Witterung ...«

A police order against the effects of the oppressive weather ..."

20.17 Er gestikulierte.

He gesticulated.

20.18 — »Es ist gut«, sagte Aschenbach wiederum kurz und leise und ließ rasch ein ungebührlich bedeutendes Geldstück in den Hut fallen.

"It's all right," said Aschenbach again, briefly and quietly, and quickly dropped an unseemly coin into his hat.

20.19 Dann winkte er dem Menschen mit den Augen, zu gehen.

Then he beckoned to the man with his eyes to leave.

Er gehorchte grinsend, unter Bücklingen;   20.20

He obeyed, grinning and stooping;

aber er hatte noch nicht die Treppe erreicht, als zwei   20.21
Hotelangestellte sich auf ihn warfen und ihn, ihre
Gesichter dicht an dem seinen, in ein geflüstertes
Kreuzverhör nahmen.

but he had not yet reached the stairs when two hotel
employees threw themselves upon him and, their
faces close to his, engaged him in a whispered cross-
examination.

Er zuckte die Achseln, er gab Beteuerungen, er   20.22
schwor, verschwiegen gewesen zu sein;

He shrugged his shoulders, he made assurances, he swore
he had been secretive;

man sah es.   20.23

they saw it.

Entlassen, kehrte er in den Garten zurück, und,   20.24
nach einer kurzen Verabredung mit den Seinen
unter der Bogenlampe, trat er zu einem Dank-und
Abschiedsliede noch einmal vor.

Dismissed, he returned to the garden and, after a brief
appointment with his own under the arc lamp, he came
forward once more to sing a song of thanks and farewell.

Es war ein Lied, das jemals gehört zu haben der   21.1
Einsame sich nicht erinnerte;

It was a song that the lonely man did not remember ever
having heard;

21.2 **ein dreister Schlager in unverständlichem Dialekt und ausgestattet mit einem Lach-Refrain, in den die Bande regelmäßig aus vollem Halse einfiel.**

a cheeky hit in an incomprehensible dialect and with a laughing chorus that the gang regularly fell into at the top of their lungs.

21.3 **Es hörten hierbei sowohl die Worte wie auch die Begleitung der Instrumente auf, und nichts blieb übrig als ein rhythmisch irgendwie geordnetes, aber sehr natürlich behandeltes Lachen, das namentlich der Solist mit großem Talent zu täuschendster Lebendigkeit zu gestalten wußte.**

Both the words and the instrumental accompaniment ceased, and all that remained was a somewhat rhythmically ordered but very naturally treated laughter, which the soloist in particular knew how to shape with great talent into the most deceptive liveliness.

21.4 **Er hatte bei wiederhergestelltem künstlerischen Abstand zwischen ihm und den Herrschaften seine ganze Frechheit wiedergefunden, und sein Kunstlachen, unverschämt zur Terrasse emporgesandt, war Hohngelächter.**

With the artistic distance between him and the audience restored, he had regained all his impudence, and his artificial laughter, shamelessly sent up to the terrace, was mocking laughter.

21.5 **Schon gegen das Ende des artikulierten Teiles der Strophe schien er mit einem unwiderstehlichen Kitzel zu kämpfen.**

Even towards the end of the articulated part of the verse he seemed to be struggling with an irresistible thrill.

Er schluchzte, seine Stimme schwankte, er preßte die Hand gegen den Mund, er verzog die Schultern, und im gegebenen Augenblick brach, heulte und platzte das unbändige Lachen aus ihm hervor, mit solcher Wahrheit, daß es ansteckend wirkte und sich den Zuhörern mitteilte, daß auch auf der Terrasse eine gegenstandslose und nur von sich selbst lebende Heiterkeit um sich griff.

21.6

He sobbed, his voice faltered, he pressed his hand against his mouth, he squared his shoulders, and at the given moment the irrepressible laughter burst, howled and burst forth from him with such truth that it had an infectious effect and communicated itself to the listeners, so that even on the terrace an objectless hilarity, living only from itself, spread.

Dies aber eben schien des Sängers Ausgelassenheit zu verdoppeln.

21.7

But this seemed to double the singer's exuberance.

Er beugte die Knie, er schlug die Schenkel, er hielt sich die Seiten, er wollte sich ausschütten, er lachte nicht mehr, er schrie;

21.8

He bent his knees, he crossed his thighs, he held his sides, he wanted to pour himself out, he no longer laughed, he shouted;

er wies mit dem Finger hinauf, als gäbe es nichts Komischeres, als die lachende Gesellschaft dort oben, und endlich lachte dann alles im Garten und auf der Veranda, bis zu den Kellnern, Liftboys und Hausdienern in den Türen.

21.9

he pointed his finger upwards as if there were nothing more comical than the laughing company up there, and at last everything in the garden and on the veranda laughed, right up to the waiters, elevator boys and house servants in the doorways.

22.1 **Aschenbach ruhte nicht mehr im Stuhl,**

Aschenbach no longer rested in his chair,

22.2 **er saß aufgerichtet wie zum Versuche der Abwehr oder der Flucht.**

he sat upright as if in an attempt to defend himself or escape.

22.3 **Aber das Gelächter, der heraufwehende Hospitalgeruch und die Nähe des Schönen verwoben sich ihm zu einem Traumbann, der unzerreißbar und unentrinnbar sein Haupt, seinen Sinn umfangen hielt.**

But the laughter, the wafting smell of the hospital and the proximity of the beautiful man were interwoven into a dreamlike spell that held his head and his mind in an unbreakable and inescapable grip.

22.4 **In der allgemeinen Bewegung und Zerstreuung wagte er es, zu Tadzio hinüberzublicken, und indem er es tat, durfte er bemerken, daß der Schöne, in Erwiderung seines Blickes ebenfalls ernst blieb, ganz so, als richte er Verhalten und Miene nach der des Anderen und als vermöge die allgemeine Stimmung nichts über ihn, da jener sich ihr entzog.**

In the general movement and distraction, he dared to look over at Tadzio, and as he did so, he noticed that the handsome man also remained serious in response to his gaze, as if he were directing his behavior and expression according to that of the other, and as if the general mood had nothing to do with him, since the other was withdrawing from it.

Diese kindliche und beziehungsvolle Folgsamkeit   22.5
hatte etwas so Entwaffnendes, Überwältigendes, daß
der Grauhaarige sich mit Mühe enthielt, sein Gesicht
in den Händen zu verbergen.

There was something so disarming and overwhelming
about this childlike and relational obedience that the
gray-haired man had difficulty refraining from hiding his
face in his hands.

Auch hatte es ihm geschienen, als bedeute Tadzios   22.6
gelegentliches Sichaufrichten und Aufatmen ein
Seufzen, eine Beklemmung der Brust.

It had also seemed to him as if Tadzio's occasional rising
and breathing meant a sigh, an oppression of the chest.

»Er ist kränklich, er wird wahrscheinlich nicht alt   22.7
werden«, dachte er wiederum mit jener Sachlichkeit,
zu welcher Rausch und Sehnsucht bisweilen sich
sonderbar emanzipieren, und reine Fürsorge
zugleich mit einer ausschweifenden Genugtuung
erfüllte sein Herz.

"He's sickly, he probably won't grow old," he thought
again with that matter-of-factness to which intoxication
and longing sometimes strangely emancipate themselves,
and pure caring at the same time with an extravagant
satisfaction filled his heart.

Die Venezianer unterdessen hatten geendigt und   23.1
zogen ab.

Meanwhile, the Venetians had finished and departed.

Beifall begleitete sie, und ihr Anführer versäumte   23.2
nicht, noch seinen Abgang mit Spaßen
auszuschmücken.

They were accompanied by applause, and their leader did
not fail to embellish his departure with jokes.

23.3 **Seine Kratzfüße, seine Kußhände wurden belacht, und er verdoppelte sie daher.**

His scratching feet and kissing hands were laughed at, and so he doubled them.

23.4 **Als die Seinen schon draußen waren, tat er noch, als renne er rückwärts empfindlich gegen einen Lampenmast und schlich scheinbar krumm vor Schmerzen zur Pforte.**

When his own were already outside, he pretended to run backwards against a lamp-post and crept to the gate, apparently writhing with pain.

23.5 **Dort endlich warf er auf einmal die Maske des komischen Pechvogels ab, richtete sich, ja schnellte elastisch auf, bleckte den Gästen auf der Terrasse frech die Zunge heraus und schlüpfte ins Dunkel.**

There, at last, he suddenly threw off the mask of the comical jinx, straightened himself up, even jumped up elastically, stuck his tongue out cheekily at the guests on the terrace and slipped into the darkness.

23.6 **Die Badegesellschaft verlor sich;**

The bathing party disappeared;

23.7 **Tadzio stand längst nicht mehr an der Balustrade.**

Tadzio was no longer standing on the balustrade.

23.8 **Aber der Einsame saß noch lange, zum Befremden der Kellner, bei dem Rest seines Granatapfelgetränkes an seinem Tischchen.**

But the lonely man sat at his little table for a long time with the rest of his pomegranate drink, much to the dismay of the waiters.

23.9 **Die Nacht schritt vor, die Zeit zerfiel.**

The night was advancing, time was slipping away.

Im Hause seiner Eltern, vor vielen Jahren, hatte es 23.10
eine Sanduhr gegeben, — er sah das gebrechliche und
bedeutende Gerätchen auf einmal wieder, als stünde
es vor ihm.

In his parents' house, many years ago, there had been an
hourglass, — he suddenly saw the frail and important little
device again, as if it were standing in front of him.

Lautlos und fein rann der rostrot gefärbte Sand durch 23.11
die gläserne Enge, und da er in der oberen Höhlung
zur Neige ging, hatte sich dort ein kleiner, reißender
Strudel gebildet.

The rust-colored sand ran silently and delicately through
the glass constriction, and as it ran out in the upper cavity,
a small, raging whirlpool had formed there.

Schon am folgenden Tage, nachmittags, tat der 24.1
Starrsinnige einen neuen Schritt zur Versuchung
der Außenwelt und diesmal mit allem möglichen
Erfolge.

The very next day, in the afternoon, the obstinate man took
another step to tempt the outside world and this time with
all possible success.

Er trat nämlich vom Markusplatz in das dort gelegene 24.2
englische Reisebureau, und nachdem er an der Kasse
einiges Geld gewechselt, richtete er mit der Miene
des mißtrauischen Fremden an den ihn bedienenden
Clerk seine fatale Frage.

He stepped from St. Mark's Square into the English travel
agency located there, and after changing some money at
the cash desk, he addressed his fatal question to the clerk
serving him with the expression of a suspicious stranger.

24.3 Es war ein wollig gekleideter Brite, noch jung, mit in der Mitte geteiltem Haar, nahe bei einander liegenden Augen und von jener gesetzten Loyalität des Wesens, die im spitzbübisch behenden Süden so fremd, so merkwürdig anmutet.

It was a British man in woolly clothes, still young, with his hair parted in the middle, his eyes close together, and with that set loyalty of character which seems so strange and peculiar in the mischievous South.

24.4 Er fing an: »Kein Grund zur Besorgnis, Sir.

He began: "No cause for alarm, sir.

24.5 Eine Maßregel ohne ernste Bedeutung.

A measure of no serious importance.

24.6 Solche Anordnungen werden häufig getroffen, um gesundheitsschädlichen Wirkungen der Hitze und des Scirocco vorzubeugen ...«

Such arrangements are often made to prevent the harmful effects of heat and scirocco ..."

24.7 Aber seine blauen Augen aufschlagend, begegnete er dem Blicke des Fremden, einem müden und etwas traurigen Blick, der mit leichter Verachtung auf seine Lippen gerichtet war.

But opening his blue eyes, he met the stranger's gaze, a weary and somewhat sad look directed with slight contempt to his lips.

24.8 Da errötete der Engländer.

The Englishman blushed.

»Dies ist«, fuhr er halblaut und in einiger Bewegung fort, »die amtliche Erklärung, auf der zu bestehen man hier für gut befindet. 24.9

"This," he continued, half aloud and with some movement, "is the official explanation which it is considered good to insist upon here.

Ich werde Ihnen sagen, daß noch etwas anderes dahinter steckt.« 24.10

I will tell you that there is something else behind it."

Und dann sagte er in seiner redlichen und bequemen Sprache die Wahrheit. 24.11

And then, in his honest and comfortable language, he told the truth.

Seit mehreren Jahren schon hatte die indische Cholera eine verstärkte Neigung zur Ausbreitung und Wanderung an den Tag gelegt. 25.1

For several years now, Indian cholera had shown an increased tendency to spread and migrate.

Erzeugt aus den warmen Morästen des Ganges-Deltas, 25.2

Originating in the warm morasses of the Ganges delta,

aufgestiegen mit dem mephitischen Odem jener üppig-untauglichen, 25.3

rising with the mephitic breath of that lush,

von Menschen gemiedenen Urwelt-und Inselwildnis, 25.4

unsuitable primeval and island wilderness shunned by man,

in deren Bambusdickichten der Tiger kauert, 25.5

in whose bamboo thickets the tiger crouches,

25.6 **hatte die Seuche in ganz Hindustan andauernd und ungewöhnlich heftig gewütet,**

the plague had raged continuously and unusually violently throughout Hindustan,

25.7 **hatte östlich nach China,**

had spread east to China,

25.8 **westlich nach Afghanistan und Persien übergegriffen und,**

west to Afghanistan and Persia and,

25.9 **den Hauptstraßen des Karawanenverkehrs folgend,**

following the main routes of caravan traffic,

25.10 **ihre Schrecken bis Astrachan,**

had carried its horrors as far as Astrakhan,

25.11 **ja selbst bis Moskau getragen.**

even as far as Moscow.

25.12 **Aber während Europa zitterte, das Gespenst möchte von dort aus und zu Lande seinen Einzug halten, war es, von syrischen Kauffahrern übers Meer verschleppt, fast gleichzeitig in mehreren Mittelmeerhäfen aufgetaucht, hatte in Toulon und Malaga sein Haupt erhoben, in Palermo und Neapel mehrfach seine Maske gezeigt und schien aus ganz Calabrien und Apulien nicht mehr weichen zu wollen.**

But while Europe trembled that the spectre would make its entrance from there and on land, it had appeared almost simultaneously in several Mediterranean ports, carried across the sea by Syrian merchants, had raised its head in Toulon and Malaga, shown its mask several times in Palermo and Naples and seemed unwilling to leave Calabria and Apulia.

Der Norden der Halbinsel war verschont geblieben.

25.13

The north of the peninsula was spared.

Jedoch Mitte Mai dieses Jahres fand man zu Venedig an ein und demselben Tage die furchtbaren Vibrionen in den ausgemergelten, schwärzlichen Leichnamen eines Schifferknechtes und einer Grünwarenhändlerin.

25.14

However, in mid-May of that year, on one and the same day, the terrible vibrio was found in the emaciated, blackish corpses of a boatman and a greengrocer in Venice.

Die Fälle wurden verheimlicht.

25.15

The cases were concealed.

Aber nach einer Woche waren es deren zehn, waren es zwanzig, dreißig und zwar in verschiedenen Quartieren.

25.16

But after a week there were ten of them, twenty, thirty, and in different quarters.

Ein Mann aus der österreichischen Provinz, der sich zu seinem Vergnügen einige Tage in Venedig aufgehalten, starb, in sein Heimatstädtchen zurückgekehrt, unter unzweideutigen Anzeichen, und so kam es, daß die ersten Gerüchte von der Heimsuchung der Lagunenstadt in deutsche Tagesblätter gelangten.

25.17

A man from the Austrian provinces, who had spent a few days in Venice for his own pleasure, died on his return to his home town with unmistakable symptoms, and so it was that the first rumors of the plague in the lagoon city reached the German newspapers.

25.18 **Venedigs Obrigkeit ließ antworten, daß die Gesundheitsverhältnisse der Stadt nie besser gewesen seien und traf die notwendigsten Maßregeln zur Bekämpfung.**

Venice's authorities replied that the health conditions in the city had never been better and took the necessary measures to combat it.

25.19 **Aber wahrscheinlich waren Nahrungsmittel infiziert worden.**

But food had probably been infected.

25.20 **Gemüse, Fleisch oder Milch, denn geleugnet und vertuscht, fraß das Sterben in der Enge der Gäßchen um sich, und die vorzeitig eingefallene Sommerhitze, welche das Wasser der Kanäle laulich erwärmte, war der Verbreitung besonders günstig.**

Vegetables, meat or milk, because denied and covered up, the deaths were spreading in the narrow streets, and the premature summer heat, which warmed the water of the canals, was particularly favorable to the spread.

25.21 **Ja, es schien, als ob die Seuche eine Neubelebung ihrer Kräfte erfahren, als ob die Tenazität und Fruchtbarkeit ihrer Erreger sich verdoppelt hätte.**

Indeed, it seemed as if the plague had experienced a revival of its powers, as if the tenacity and fertility of its pathogens had doubled.

25.22 **Fälle der Genesung waren sehr selten;**

Cases of recovery were very rare;

achtzig vom Hundert der Befallenen starben und zwar auf entsetzliche Weise, denn das Übel trat mit äußerster Wildheit auf und zeigte häufig jene gefährlichste Form, welche »die trockene« benannt ist."

25.23

eighty out of a hundred of those afflicted died, and died horribly, for the disease appeared with extreme ferocity and often showed the most dangerous form, which is called "the dry."

Hierbei vermochte der Körper das aus den Blutgefäßen massenhaft abgesonderte Wasser nicht einmal auszutreiben.

25.24

In this case, the body was not even able to expel the masses of water secreted from the blood vessels.

Binnen wenigen Stunden verdorrte der Kranke und erstickte am pechartig zähe gewordenen Blut unter Krämpfen und heiseren Klagen.

25.25

Within a few hours, the patient withered away and suffocated from the pitchy, viscous blood with cramps and hoarse wailing.

Wohl ihm, wenn, was zuweilen geschah, der Ausbruch nach leichtem Übelbefinden in Gestalt einer tiefen Ohnmacht erfolgte, aus der er nicht mehr oder kaum noch erwachte.

25.26

It was good for him if, as sometimes happened, the outbreak took the form of a deep faint after a slight malaise, from which he never or hardly ever woke up.

25.27 Anfang Juni füllten sich in der Stille die Isolierbaracken des Ospedale civico, in den beiden Waisenhäusern begann es an Platz zu mangeln, und ein schauerlich reger Verkehr herrschte zwischen dem Kai der neuen Fundamente und San Michele, der Friedhofsinsel.

At the beginning of June, the isolation barracks of the Ospedale civico filled up in silence, the two orphanages began to lack space, and there was an eerily busy traffic between the quay of the new foundations and San Michele, the cemetery island.

25.28 Aber die Furcht vor allgemeiner Schädigung, die Rücksicht auf die kürzlich eröffnete Gemäldeausstellung in den öffentlichen Gärten, auf die gewaltigen Ausfälle, von denen im Falle der Panik und des Verrufes die Hotels, die Geschäfte, das ganze vielfältige Fremdengewerbe bedroht waren, zeigte sich mächtiger in der Stadt als Wahrheitsliebe und Achtung vor internationalen Abmachungen;

But the fear of general damage, the consideration of the recently opened exhibition of paintings in the public gardens, of the enormous outbreaks which, in case of panic and disrepute, threatened the hotels, the stores, the whole varied foreign trade, proved more powerful in the city than love of truth and respect for international agreements;

25.29 sie vermochte die Behörde, ihre Politik des Verschweigens und des Ableugnens hartnäckig aufrecht zu erhalten.

it enabled the authorities to stubbornly maintain their policy of concealment and denial.

Der oberste Medizinalbeamte Venedigs, ein
verdienter Mann, war entrüstet von seinem Posten
zurückgetreten und unter der Hand durch eine
gefügigere Persönlichkeit ersetzt worden.

25.30

The chief medical officer of Venice, a deserving man, had
indignantly resigned from his post and been replaced
underhand by a more compliant personality.

Das Volk wußte das;

25.31

The people were aware of this;

und die Korruption der Oberen zusammen mit der
herrschenden Unsicherheit, dem Ausnahmezustand,
in welchen der umgehende Tod die Stadt versetzte,
brachte eine gewisse Entsittlichung der unteren
Schichten hervor, eine Ermutigung lichtscheuer
und antisozialer Triebe, die sich in Unmäßigkeit,
Schamlosigkeit und wachsender Kriminalität
bekundete.

25.32

and the corruption of the higher-ups, together with the
prevailing insecurity, the state of emergency into which
the approaching death had plunged the city, brought
about a certain immoralization of the lower classes, an
encouragement of light-shy and anti-social instincts, which
manifested itself in intemperance, shamelessness and
growing criminality.

Gegen die Regel bemerkte man abends viele
Betrunkene;

25.33

Contrary to the rule, many drunken people were noticed in
the evenings;

bösartiges Gesindel machte, so hieß es, nachts die
Straßen unsicher;

25.34

it was said that vicious riff-raff made the streets unsafe at
night;

25.35 räuberische Anfälle und selbst Mordtaten wiederholten sich, denn schon zweimal hatte sich erwiesen, daß angeblich der Seuche zum Opfer gefallene Personen vielmehr von ihren eigenen Anverwandten mit Gift aus dem Leben geräumt worden waren;

robberies and even murders were repeated, for it had already been proven twice that people who had supposedly fallen victim to the plague had instead been put out of existence by their own relatives with poison;

25.36 und die gewerbsmäßige Liederlichkeit nahm aufdringliche und ausschweifende Formen an, wie sie sonst hier nicht bekannt und nur im Süden des Landes und im Orient zu Hause gewesen waren.

and commercial dissoluteness took on intrusive and dissolute forms that were otherwise unknown here and had only been at home in the south of the country and in the Orient.

26.1 Von diesen Dingen sprach der Engländer das Entscheidende aus.

Of these things the Englishman said the most important.

26.2 »Sie täten gut«, schloß er, »lieber heute als morgen zu reisen.

"You would do well," he concluded, "to travel today rather than tomorrow.

26.3 Länger, als ein paar Tage noch, kann die Verhängung der Sperre kaum auf sich warten lassen.

It can hardly be longer than a few days before the ban is imposed.

26.4 « — »Danke Ihnen«, sagte Aschenbach und verließ das Amt.

" — "Thank you," said Aschenbach, and left the office.

Der Platz lag in sonnenloser Schwüle.   27.1

The square lay in sunless sultriness.

Unwissende Fremde saßen vor den Cafés oder   27.2
standen, ganz von Tauben bedeckt, vor der
Kirche und sahen zu, wie die Tiere, wimmelnd,
flügelschlagend, einander verdrängend, nach den in
hohlen Händen dargebotenen Maiskörnern pickten.

Ignorant strangers sat in front of the cafés or stood in
front of the church, completely covered with pigeons, and
watched as the animals, swarming, flapping their wings,
displacing each other, pecked at the corn kernels offered in
cupped hands.

In fiebriger Erregung, triumphierend im Besitze der   27.3
Wahrheit, einen Geschmack von Ekel dabei auf der
Zunge und ein phantastisches Grauen im Herzen,
schritt der Einsame die Fliesen des Prachthofes auf
und nieder.

In feverish excitement, triumphant in the possession of the
truth, a taste of disgust on his tongue and a fantastic horror
in his heart, the lonely man paced up and down the tiles of
the magnificent courtyard.

Er erwog eine reinigende und anständige Handlung.   27.4

He was contemplating a purifying and decent act.

Er konnte heute Abend nach dem Diner der   27.5
perlengeschmückten Frau sich nähern und zu ihr
sprechen, was er wörtlich entwarf:

Tonight, after dinner, he could approach the pearl-
bedecked woman and speak to her, which he drafted
verbatim:

27.6 »Gestatten Sie dem Fremden, Madame, Ihnen
mit einem Rat, einer Warnung zu dienen, die der
Eigennutz Ihnen vorenthält.

"Allow the stranger, madame, to serve you with an advice,
a warning, which self-interest withholds from you.

27.7 Reisen Sie ab, sogleich, mit Tadzio und Ihren
Töchtern!

Leave at once, with Tadzio and your daughters!

27.8 Venedig ist verseucht.«

Venice is infested."

27.9 Er konnte dann dem Werkzeug einer höhnischen
Gottheit zum Abschied die Hand aufs Haupt legen,

He could then lay his hand on the head of the tool of a
mocking deity as a farewell,

27.10 sich wegwenden und diesem Sumpfe entfliehen.

turn away and flee this swamp.

27.11 Aber er fühlte zugleich, daß er unendlich weit
entfernt war, einen solchen Schritt im Ernste zu
wollen.

But at the same time he felt that he was infinitely far from
wanting to take such a step in earnest.

27.12 Er würde ihn zurückführen, würde ihn sich selber
wiedergeben;

He would lead him back, would give him back to himself;

27.13 aber wer außer sich ist, verabscheut nichts mehr, als
wieder in sich zu gehen.

but he who is beside himself detests nothing more than to
go back into himself.

Er erinnerte sich eines weißen Bauwerks, 27.14
geschmückt mit abendlich gleißenden Inschriften,
in deren durchscheinender Mystik das Auge seines
Geistes sich verloren hatte;

He remembered a white building, adorned with glittering
inscriptions in the evening, in whose translucent
mysticism the eye of his spirit had been lost;

jener seltsamen Wandrergestalt sodann, die dem 27.15
Alternden schweifende Jünglingssehnsucht ins Weite
und Fremde erweckt hatte;

that strange wandering figure, then, which had awakened
in the ageing man a wandering youth's longing for the far
and foreign;

und der Gedanke an Heimkehr, an Besonnenheit, 27.16
Nüchternheit, Mühsal und Meisterschaft, widerte
ihn in solchem Maße, daß sein Gesicht sich zum
Ausdruck physischer Übelkeit verzerrte.

and the thought of returning home, of prudence, sobriety,
toil and mastery, disgusted him to such an extent that his
face contorted into an expression of physical nausea.

»Man soll schweigen!« flüsterte er heftig. Und: 27.17
"One should be silent!" he whispered fiercely. And:

»Ich werde schweigen!« 27.18
"I will be silent!"

Das Bewußtsein seiner Mitwisserschaft, seiner 27.19
Mitschuld berauschte ihn, wie geringe Mengen
Weines ein müdes Hirn berauschen.

The awareness of his complicity, of his guilt, intoxicated
him like a small amount of wine intoxicates a tired brain.

27.20 Das Bild der heimgesuchten und verwahrlosten Stadt, wüst seinem Geiste vorschwebend, entzündete in ihm Hoffnungen, unsagbar, die Vernunft überschreitend, und von ungeheuerlicher Süßigkeit.

The image of the haunted and neglected city, which floated desolately before his mind, kindled in him hopes that were unspeakable, beyond reason, and of monstrous sweetness.

27.21 Was war ihm das zarte Glück, von dem er vorhin einen Augenblick geträumt, verglichen mit diesen Erwartungen?

What was the tender happiness of which he had just dreamed compared with these expectations?

27.22 Was galt ihm noch Kunst und Tugend gegenüber den Vorteilen des Chaos?

What was art and virtue to him compared to the advantages of chaos?

27.23 Er schwieg und blieb.

He was silent and remained so.

28.1 In dieser Nacht hatte er einen furchtbaren Traum, — wenn man als Traum ein körperhaft-geistiges Erlebnis bezeichnen kann, das ihm zwar im tiefsten Schlaf und in völligster Unabhängigkeit und sinnlicher Gegenwart widerfuhr, aber ohne daß er sich außer den Geschehnissen im Raume wandelnd und anwesend sah;

That night he had a terrible dream-if one can call a dream a physical-spiritual experience, which happened to him in the deepest sleep and in the most complete independence and sensual presence, but without him seeing himself walking and present apart from the events in space;

sondern ihr Schauplatz war vielmehr seine   28.2
Seele selbst, und sie brachen von außen herein,
seinen Widerstand — einen tiefen und geistigen
Widerstand — gewalttätig niederwerfend, gingen
hindurch und ließen seine Existenz, ließen die Kultur
seines Lebens verheert, vernichtet zurück.

but rather their scene was his soul itself, and they broke
in from outside, violently overthrowing his resistance —
a deep and spiritual resistance — and passed through and
left his existence, left the culture of his life devastated,
destroyed.

Angst war der Anfang, Angst und Lust und eine   29.1
entsetzte Neugier nach dem, was kommen wollte.

Fear was the beginning, fear and desire and a horrified
curiosity about what was to come.

Nacht herrschte, und seine Sinne lauschten;   29.2

Night prevailed, and his senses listened;

denn weither näherte sich Getümmel, Getöse, ein   29.3
Gemisch von Lärm:

for from afar there was a commotion, a din, a mixture of
noise:

Rasseln, Schmettern und dumpfes Donnern,   29.4
schrilles Jauchzen dazu und ein bestimmtes
Geheul im gezogenen u-Laut, alles durchsetzt und
grauenhaft süß übertönt von tief girrendem, ruchlos
beharrlichen Flötenspiel, welches auf schamlos
zudringende Art die Eingeweide bezauberte.

rattling, crashing and muffled thunder, shrill whooping
and a certain howling in the drawn-out u-sound, all
interspersed and terribly sweetly drowned out by deeply
grating, nefariously insistent flute playing, which
shamelessly intruded on the intestines.

29.5 Aber er wußte ein Wort, dunkel, doch das benennend
was kam:

But he knew one word, dark, yet naming what was coming:

29.6 »Der fremde Gott!« Qualmige Glut glomm auf:

"The strange god!" Smoky embers blazed up:

29.7 da erkannte er Bergland,

then he recognized mountainous country,

29.8 ähnlich dem um sein Sommerhaus.

similar to that around his summer house.

29.9 Und in zerrissenem Licht, von bewaldeter Höhe,
zwischen Stämmen und moosigen Felstrümmern
wälzte es sich und stürzte wirbelnd herab:

And in torn light, from wooded heights, between trunks
and mossy rock debris, it rolled and tumbled swirling
down:

29.10 Menschen, Tiere, ein Schwarm, eine tobende
Rotte, und überschwemmte die Halde mit Leibern,
Flammen, Tumult und taumelndem Rundtanz.

people, animals, a swarm, a raging mob, flooding the heap
with bodies, flames, tumult and tumbling round dance.

29.11 Weiber, strauchelnd über zu lange Fellgewänder,
die ihnen vom Gürtel hingen, schüttelten
Schellentrommeln über ihren stöhnend
zurückgeworfenen Häuptern, schwangen stiebende
Fackelbrände und nackte Dolche, hielten züngelnde
Schlangen in der Mitte des Leibes erfaßt oder trugen
schreiend ihre Brüste in beiden Händen.

Women, stumbling over fur robes that were too long and
hung from their belts, shook their shell drums over their
moaning heads, brandished flaming torches and naked
daggers, clutched lambent snakes in their midriffs or
carried their breasts in both hands, screaming.

Männer, Hörner über den Stirnen, mit Pelzwerk
geschürzt und zottig von Haut, beugten die Nacken
und hoben Arme und Schenkel, ließen eherne
Becken erdröhnen und schlugen wütend auf Pauken,
während glatte Knaben mit umlaubten Stäben Böcke
stachelten, an deren Hörner sie sich klammerten
und von deren Sprüngen sie sich jauchzend schleifen
ließen.
29.12

Men with horns over their foreheads, fur-trimmed and
shaggy with skin, bent their necks and raised their arms
and thighs, let brazen cymbals thunder and beat furiously
on kettledrums, while smooth boys spiked goats with leafy
sticks, to whose horns they clung and from whose leaps
they let themselves be dragged exultantly.

Und die Begeisterten heulten den Ruf aus weichen
Mitlauten und gezogenem u-Ruf am Ende, süß und
wild zugleich, wie kein jemals erhörter:
29.13

And the enthusiastic ones howled the call of soft mid-
sounds and a drawn-out u-call at the end, sweet and wild at
the same time, like no other ever heard:

hier klang er auf, in die Lüfte geröhrt, wie von
Hirschen, und dort gab man ihn wieder, vielstimmig,
in wüstem Triumph, hetzte einander damit zum
Tanz und Schleudern der Glieder und ließ ihn
niemals verstummen.
29.14

here it rang out, roared into the air, as if by stags, and there
it was echoed again, many-voiced, in wild triumph, inciting
each other to dance and fling their limbs and never letting
it fall silent.

Aber alles durchdrang und beherrschte der tiefe,
29.15

But everything was permeated and dominated by the deep,

lockende Flötenton.
29.16

enticing sound of the flute.

29.17 Lockte er nicht auch ihn, den widerstrebend Erlebenden, schamlos beharrlich zum Fest und Unmaß des äußersten Opfers?

Did it not also shamelessly and persistently lure him, the reluctant experiencer, to the feast and excess of the ultimate sacrifice?

29.18 Groß war sein Abscheu, groß seine Furcht, redlich sein Wille, bis zuletzt das Seine zu schützen gegen den Fremden, den Feind des gefaßten und würdigen Geistes.

Great was his loathing, great his fear, sincere his will to protect his own to the last against the stranger, the enemy of the composed and worthy spirit.

29.19 Aber der Lärm, das Geheul, vervielfacht von hallender Bergwand, wuchs, nahm Überhand, schwoll zu hinreißendem Wahnsinn.

But the noise, the howling, multiplied by the echoing mountain wall, grew, took over, swelled to ravishing madness.

29.20 Dünste bedrängten den Sinn, der beizende Ruch der Böcke, Witterung keuchender Leiber und ein Hauch wie von faulenden Wassern, dazu ein anderer noch, vertraut:

Fumes assailed the mind, the mordant smell of goats, the scent of panting bodies and a whiff as of rotting water, plus another, familiar one:

29.21 nach Wunden und umlaufender Krankheit.

of wounds and circulating illness.

Mit den Paukenschlägen dröhnte sein Herz, sein
Gehirn kreiste, Wut ergriff ihn, Verblendung,
betäubende Wollust, und seine Seele begehrte, sich
anzuschließen dem Reigen des Gottes.

29.22

His heart thundered with the drumbeats, his brain circled,
rage seized him, blindness, numbing lust, and his soul
desired to join the dance of the god.

Das obszöne Symbol, riesig, aus Holz, ward enthüllt
und erhöht:

29.23

The obscene symbol, huge, made of wood, was unveiled and
raised:

da heulten sie zügelloser die Losung.

29.24

they howled the slogan without restraint.

Schaum vor den Lippen tobten sie, reizten einander
mit geilen Gebärden und buhlenden Händen,
lachend und ächzend, — stießen die Stachelstäbe
einander ins Fleisch und leckten das Blut von den
Gliedern.

29.25

Foaming at the mouth, they raged, teasing each other
with lustful gestures and courting hands, laughing and
groaning, thrusting the spiked sticks into each other's flesh
and licking the blood from their limbs.

Aber mit ihnen, in ihnen war der Träumende nun
und dem fremden Gotte gehörig.

29.26

But with them, in them, the dreamer now belonged to the
strange god.

29.27 Ja, sie waren er selbst, als sie reißend und mordend sich auf die Tiere hinwarfen und dampfende Fetzen verschlangen, als auf zerwühltem Moosgrund grenzenlose Vermischung begann, dem Gotte zum Opfer.

Yes, they were himself when they threw themselves at the animals, tearing and murdering, devouring steaming scraps, when boundless mingling began on the rumpled mossy ground, sacrificed to the god.

29.28 Und seine Seele kostete Unzucht und Raserei des Unterganges.

And his soul tasted the fornication and frenzy of destruction.

30.1 Aus diesem Traum erwachte der Heimgesuchte entnervt, zerrüttet und kraftlos dem Dämon verfallen.

The haunted man woke up from this dream exhausted, shattered and powerless, having succumbed to the demon.

30.2 Er scheute nicht mehr die beobachtenden Blicke der Menschen;

He no longer shied away from the observing eyes of the people;

30.3 ob er sich ihrem Verdacht aussetze, kümmerte ihn nicht.

whether he exposed himself to their suspicion was of no concern to him.

30.4 Auch flohen sie ja, reisten ab;

They also fled, left;

zahlreiche Strandhütten standen leer, die Besetzung des Speisesaals wies größere Lücken auf, und in der Stadt sah man selten noch einen Fremden. 30.5

numerous beach huts stood empty, there were large gaps in the dining room staff, and it was rare to see a stranger in the town.

Die Wahrheit schien durchgesickert, die Panik, trotz zähen Zusammenhaltens der Interessenten, nicht länger hintanzuhalten. 30.6

The truth seemed to have leaked out and the panic could no longer be contained, despite the tenacious efforts of the interested parties.

Aber die Frau im Perlenschmuck blieb mit den Ihren, sei es, weil die Gerüchte nicht zu ihr drangen, oder weil sie zu stolz und furchtlos war, um ihnen zu weichen: 30.7

But the woman in the pearl jewelry stayed with her own, either because the rumors did not reach her or because she was too proud and fearless to give way to them:

Tadzio blieb; und jenem, in seiner Umfangenheit, 30.8

Tadzio remained; and to him, in his entrapment,

war es zuweilen, 30.9

it sometimes seemed as if flight and death could remove all disturbing life in the circle,

als könne Flucht und Tod alles störende Leben in der Runde entfernen und er allein mit dem Schönen auf dieser Insel zurückbleiben, 30.10

and he could remain alone with the beautiful one on this island,

— ja, wenn vormittags am Meere sein Blick schwer, 30.11

— yes, when in the morning by the sea his gaze rested heavily,

30.12 unverantwortlich, unverwandt auf dem Begehrten ruhte,
irresponsibly, unwaveringly on the desired one,

30.13 wenn er bei sinkendem Tage durch Gassen,
when,

30.14 in denen verheimlichterweise das ekle Sterben umging,
as the day sank,

30.15 ihm unwürdig nachfolgte,
he followed him unworthily through alleys where secretly the nasty dying was going on,

30.16 so schien das Ungeheuerliche ihm aussichtsreich und hinfällig das Sittengesetz.
the monstrous seemed to him promising and the moral law obsolete.

31.1 Wie irgend ein Liebender wünschte er, zu gefallen und empfand bittere Angst, daß es nicht möglich sein möchte.
Like any lover, he wished to please and was bitterly afraid that it would not be possible.

31.2 Er fügte seinem Anzüge jugendlich aufheiternde Einzelheiten hinzu, er legte Edelsteine an und benutzte Parfüms, er brauchte mehrmals am Tage viel Zeit für seine Toilette und kam geschmückt, erregt und gespannt zu Tische.
He added youthfully exhilarating details to his suit, he put on jewels and used perfumes, he took a long time for his toilet several times a day and came to the table adorned, excited and eager.

Angesichts der süßen Jugend, die es ihm angetan, ekelte ihn sein alternder Leib, der Anblick seines grauen Haares, seiner scharfen Gesichtszüge stürzte ihn in Scham und Hoffnungslosigkeit.   31.3

His aging body disgusted him in the face of his sweet youth, the sight of his gray hair and sharp features plunged him into shame and hopelessness.

Es trieb ihn, sich körperlich zu erquicken und wiederherzustellen;   31.4

He was driven to refresh and restore himself physically;

er besuchte häufig den Coiffeur des Hauses.   31.5

he often visited the hairdresser in the house.

Im Frisiermantel, unter den pflegenden Händen des Schwätzers im Stuhle zurückgelehnt, betrachtete er gequälten Blickes sein Spiegelbild.   32.1

In his dressing gown, leaning back in his chair under the caring hands of the chatterbox, he looked at his reflection with a pained expression.

»Grau,« sagte er mit verzerrtem Munde.   33.1

"Gray," he said with a twisted mouth.

»Ein wenig,« antwortete der Mensch.   34.1

"A little," the man replied.

34.2 »Nämlich durch Schuld einer kleinen Vernachlässigung, einer Indifferenz in äußerlichen Dingen, die bei bedeutenden Personen begreiflich ist, die man aber doch nicht unbedingt loben kann und zwar umso weniger, als gerade solchen Personen Vorurteile in Sachen des Natürlichen oder Künstlichen wenig angemessen sind.

"Namely, through the fault of a slight neglect, an indifference in external matters, which is understandable in important persons, but which cannot necessarily be praised, and all the less so because prejudices in matters of the natural or artificial are hardly appropriate to such persons.

34.3 Würde sich die Sittenstrenge gewisser Leute gegenüber der kosmetischen Kunst logischerweise auch auf ihre Zähne erstrecken,

If the moral strictness of certain people towards the cosmetic arts logically extended to their teeth,

34.4 so würden sie nicht wenig Anstoß erregen.

they would cause no little offense.

34.5 Schließlich sind wir so alt, wie unser Geist, unser Herz sich fühlen, und graues Haar bedeutet unter Umständen eine wirklichere Unwahrheit, als die verschmähte Korrektur bedeuten würde.

After all, we are as old as our minds and hearts feel, and gray hair may mean a more real untruth than the spurned correction would imply.

34.6 In Ihrem Falle, mein Herr, hat man ein Recht auf seine natürliche Haarfarbe.

In your case, sir, you have a right to your natural hair color.

Sie erlauben mir, Ihnen die Ihrige einfach
zurückzugeben?«

34.7

Will you allow me simply to return yours to you?"

»Wie das?« fragte Aschenbach.

35.1

"How so?" asked Aschenbach.

Da wusch der Beredte das Haar des Gastes mit
zweierlei Wasser, einem klaren und einem dunklen,
und es war schwarz wie in jungen Jahren.

36.1

Then the eloquent man washed the guest's hair with two
kinds of water, one clear and one dark, and it was as black
as when he was young.

Er bog es hierauf mit der Brennscheere in weiche
Lagen,

36.2

He then bent it into soft layers with the burning shears,

trat rückwärts und musterte das behandelte Haupt.

36.3

stepped backwards and examined the treated head.

»Es wäre nun nur noch«, sagte er, »die Gesichtshaut
ein wenig aufzufrischen.«

37.1

"The only thing left to do now," he said, "is to freshen up
the skin on my face a little."

Und wie jemand, der nicht enden, sich nicht
genug tun kann, ging er mit immer neu belebter
Geschäftigkeit von einer Hantierung zur anderen
über.

38.1

And like someone who can't stop, who can't do enough,
he went from one action to the next with constantly
revitalized activity.

38.2 Aschenbach, bequem ruhend, der Abwehr nicht
fähig, hoffnungsvoll erregt vielmehr von dem,
was geschah, sah im Glase seine Brauen sich
entschiedener und ebenmäßiger wölben, den Schnitt
seiner Augen sich verlängern, ihren Glanz durch
eine leichte Untermalung des Lides sich heben, sah
weiter unten, wo die Haut bräunlich-ledern gewesen,
weich aufgetragen, ein zartes Karmin erwachen,
seine Lippen, blutarm soeben noch, himbeerfarben
schwellen, die Furchen der Wangen, des Mundes, die
Runzeln der Augen unter Crème und Jugendhauch
verschwinden, — erblickte mit Herzklopfen einen
blühenden Jüngling.

Aschenbach, resting comfortably, unable to defend himself,
hopefully excited by what was happening, saw in the glass
his brows arching more decidedly and more evenly, the
cut of his eyes lengthening, their shine lifted by a slight
underpainting of the eyelid, saw further down, where the
skin had been brownish-leathery, softly applied, a delicate
crimson awoke, his lips, anemic a moment ago, swelled
raspberry-colored, the furrows of the cheeks, the mouth,
the wrinkles of the eyes disappeared under cream and the
breath of youth,-looked with palpitating heart a blooming
youth.

38.3 Der Kosmetiker gab sich endlich zufrieden, indem er
nach Art solcher Leute dem, den er bedient hatte, mit
kriechender Höflichkeit dankte.

The beautician was finally satisfied, and, in the manner
of such people, thanked the person he had served with
groveling politeness.

38.4 »Eine unbedeutende Nachhilfe«, sagte er, indem er
eine letzte Hand an Aschenbachs Äußeres legte.

"An insignificant tutoring," he said, putting a final touch to
Aschenbach's appearance.

»Nun kann der Herr sich unbedenklich verlieben.«   38.5
"Now the gentleman can safely fall in love."

Der Berückte ging, traumglücklich, verwirrt und   38.6
furchtsam.
The enchanted man left, happy as a dream, confused and
fearful.

Seine Krawatte war rot,   38.7
His tie was red,

sein breitschattender Strohhut mit einem   38.8
mehrfarbigen Bande umwunden.
his broad-shaded straw hat was tied with a multicolored
ribbon.

Lauwarmer Sturmwind war aufgekommen;   39.1
A lukewarm gale had risen;

es regnete selten und spärlich, aber die Luft war   39.2
feucht, dick und von Fäulnisdünsten erfüllt.
it rained rarely and sparingly, but the air was damp, thick
and filled with the fumes of decay.

Flattern, Klatschen und Sausen umgab das Gehör,   39.3
und dem unter der Schminke Fiebernden schienen
Windgeister üblen Geschlechts im Raume ihr Wesen
zu treiben, unholdes Gevögel des Meeres, das des
Verurteilten Mahl zerwühlt, zernagt und mit Unrat
schändet.
Fluttering, clapping and whispering surrounded the
ear, and to the feverish person under the make-up, wind
spirits of the foulest sex seemed to be at work in the room,
unruly birds of the sea that ravaged, gnawed and defiled the
condemned man's meal with filth.

39.4 Denn die Schwüle wehrte der Eßlust, und die Vorstellung drängte sich auf, daß die Speisen mit Ansteckungsstoffen vergiftet seien.

For the sultriness repelled the desire to eat, and the idea suggested itself that the food was poisoned with infectious substances.

40.1 Auf den Spuren des Schönen hatte Aschenbach sich eines Nachmittags in das innere Gewirr der kranken Stadt vertieft.

One afternoon, Aschenbach had immersed himself in the inner tangle of the sick city on the trail of beauty.

40.2 Mit versagendem Ortssinn, da die Gäßchen, Gewässer, Brücken und Plätzchen des Labyrinthes zu sehr einander gleichen, auch der Himmelsgegenden nicht mehr sicher, war er durchaus darauf bedacht, das sehnlich verfolgte Bild nicht aus den Augen zu verlieren, und zu schmählicher Behutsamkeit genötigt, an Mauern gedrückt, hinter dem Rücken Vorangehender Schutz suchend, ward er sich lange nicht der Müdigkeit, der Erschöpfung bewußt, welche Gefühl und immerwährende Spannung seinem Körper, seinem Geiste zugefügt hatten.

With a failing sense of place, since the alleyways, waterways, bridges and little squares of the labyrinth were too much like each other, and no longer sure of the sky, he was anxious not to lose sight of the image he was eagerly pursuing, and forced to be shamefully cautious, pressed against walls, seeking shelter behind the backs of those ahead, he was not aware for a long time of the fatigue, the exhaustion that feeling and perpetual tension had inflicted on his body and mind.

Tadzio ging hinter den Seinen, er ließ der Pflegerin 40.3
und den nonnenähnlichen Schwestern in der Enge
gewöhnlich den Vortritt, und einzeln schlendernd
wandte er zuweilen das Haupt, um sich über die
Schulter hinweg der Gefolgschaft seines Liebhabers
mit einem Blick seiner eigentümlich dämmergrauen
Augen zu versichern.

Tadzio walked behind his own, he usually gave way to the
nurse and the nun-like sisters in the cramped quarters, and
strolling individually, he occasionally turned his head to
assure himself of his lover's following with a glance over
his shoulder from his peculiarly dusky gray eyes.

Er sah ihn, und er verriet ihn nicht. 40.4

He saw him, and he did not betray him.

Berauscht von dieser Erkenntnis, von diesen Augen 40.5
vorwärts gelockt, am Narrenseile geleitet von der
Passion, stahl der Verliebte sich seiner unziemlichen
Hoffnung nach — und sah sich schließlich dennoch
um ihren Anblick betrogen.

Intoxicated by this realization, lured forward by these eyes,
guided by passion, the man in love pursued his unseemly
hope and finally saw himself deceived by the sight of her.

Die Polen hatten eine kurz gewölbte Brücke 40.6
überschritten, die Höhe des Bogens verbarg sie
dem Nachfolgenden, und seinerseits hinaufgelangt,
entdeckte er sie nicht mehr.

The Poles had crossed a short arched bridge, the height of
the arch concealed them from the person following, and
having reached the top, he no longer discovered them.

40.7 Er forschte nach ihnen in drei Richtungen,
      geradeaus und nach beiden Seiten den schmalen
      und schmutzigen Quai entlang, vergebens.

He searched for them in three directions, straight ahead
and on both sides along the narrow and dirty quay, but in
vain.

40.8 Entnervung, Hinfälligkeit nötigten ihn endlich, vom
      Suchen abzulassen.

Exhaustion and fatigue finally forced him to give up his
search.

41.1 Sein Kopf brannte, sein Körper war mit klebrigem
      Schweiß bedeckt, sein Genick zitterte, ein nicht mehr
      erträglicher Durst peinigte ihn, er sah sich nach
      irgendwelcher, nach augenblicklicher Labung um.

His head was burning, his body was covered in sticky
sweat, his neck was trembling, he was tormented by an
unbearable thirst and he looked around for some kind of
immediate refreshment.

41.2 Vor einem kleinen Gemüseladen kaufte er einige
      Früchte, Erdbeeren, überreife und weiche Ware und
      aß im Gehen davon.

He bought some fruit, strawberries, overripe and soft, in
front of a small greengrocer's store and ate them as he
walked.

41.3 Ein kleiner Platz, verlassen, verwunschen anmutend,
      öffnete sich vor ihm, er erkannte ihn, es war
      hier gewesen, wo er vor Wochen den vereitelten
      Fluchtplan gefaßt hatte.

A small square, deserted, enchanted-looking, opened up
in front of him, he recognized it, it had been here where he
had made the thwarted escape plan weeks ago.

Auf den Stufen der Zisterne, inmitten des Ortes, ließ er sich niedersinken und lehnte den Kopf an das steinerne Rund. 41.4

He sank down on the steps of the cistern in the middle of the place and leaned his head against the stone circle.

Es war still, Gras wuchs zwischen dem Pflaster. 41.5

It was quiet, grass grew between the paving stones.

Abfälle lagen umher. 41.6

Garbage lay around.

Unter den verwitterten, unregelmäßig hohen Häusern in der Runde erschien eines palastartig, mit Spitzbogenfenstern, hinter denen die Leere wohnte, und kleinen Löwenbalkonen. 41.7

Among the weathered, irregularly tall houses in the circle, one appeared palatial, with lancet windows behind which dwelled emptiness and small lion balconies.

Im Erdgeschoß eines anderen befand sich eine Apotheke. 41.8

On the ground floor of another was a pharmacy.

Warme Windstöße brachten zuweilen Karbolgeruch. 41.9

Warm gusts of wind sometimes brought the smell of carbolic acid.

42.1 Er saß dort, der Meister, der würdig gewordene
Künstler, der Autor des »Elenden«, der in so
vorbildlich reiner Form dem Zigeunertum und der
trüben Tiefe abgesagt, dem Abgrunde die Sympathie
gekündigt und das Verworfene verworfen hatte, der
Hochgestiegene, der, Überwinder seines Wissens und
aller Ironie entwachsen, in die Verbindlichkeiten
des Massenzutrauens sich gewöhnt hatte, er,
dessen Ruhm amtlich, dessen Name geadelt war
und an dessen Styl die Knaben sich zu bilden
angehalten wurden, — er saß dort, seine Lider waren
geschlossen, nur zuweilen glitt, rasch sich wieder
verbergend, ein spöttischer und betretener Blick
seitlich darunter hervor, und seine schlaffen Lippen,
kosmetisch aufgehöht, bildeten einzelne Worte aus
von dem, was sein halb schlummerndes Hirn an
seltsamer Traumlogik hervorbrachte.

He sat there, the master, the artist who had become
worthy, the author of "The Wretched," who in such
exemplary purity had renounced gypsyism and the
murky depths, had renounced sympathy with the abyss
and rejected the rejected, the man who had risen high,
who, having outgrown his knowledge and all irony,
had accustomed himself to the obligations of mass
confidence, he whose fame was official, whose name was
ennobled and on whose style the boys were encouraged
to train themselves,-he sat there, his eyelids closed, only
occasionally, quickly concealing himself again, a mocking
and embarrassed look slipped sideways out from under
them, and his slack lips, cosmetically raised, formed
individual words of what his half-slumbering brain
produced in strange dream-logic.

43.1 »Denn die Schönheit, Phaidros, merke das wohl!
"For beauty, Phaedrus, mark this well!

nur die Schönheit ist göttlich und sichtbar zugleich, 43.2
und so ist sie denn also des Sinnlichen Weg, ist,
kleiner Phaidros, der Weg des Künstlers zum Geiste.

only beauty is divine and visible at the same time, and so it
is the way of the senses, is, little Phaedrus, the way of the
artist to the spirit.

Glaubst du nun aber, mein Lieber, daß derjenige 43.3
jemals Weisheit und wahre Manneswürde gewinnen
könne, für den der Weg zum Geistigen durch die
Sinne führt?

But do you now believe, my dear fellow, that he can ever
gain wisdom and true manhood for whom the path to the
spiritual leads through the senses?

Oder glaubst du vielmehr (ich stelle dir die 43.4
Entscheidung frei), daß dies ein gefährlich-lieblicher
Weg sei, wahrhaft ein Irr-und Sündenweg, der mit
Notwendigkeit in die Irre leitet?

Or do you rather believe (I leave it up to you to decide) that
this is a dangerous and unholy path, truly an erroneous and
sinful path that is bound to lead astray?

Denn du mußt wissen, daß wir Dichter den Weg der 43.5
Schönheit nicht gehen können, ohne daß Eros sich
zugesellt und sich zum Führer aufwirft;

For you must know that we poets cannot follow the path
of beauty without Eros joining us and making himself our
leader;

43.6 ja, mögen wir auch Helden auf unsere Art und züchtige Kriegsleute sein, so sind wir wie Weiber, denn Leidenschaft ist unsere Erhebung, und unsere Sehnsucht muß Liebe bleiben, — das ist unsere Lust und unsere Schande.

yes, though we may be heroes in our own way, and chaste men of war, we are like women, for passion is our elevation, and our longing must remain love, — that is our lust and our shame.

43.7 Siehst du nun wohl, daß wir Dichter nicht weise noch würdig sein können?

Do you see now that we poets cannot be wise nor worthy?

43.8 Daß wir notwendig in die Irre gehen,

That we necessarily go astray,

43.9 notwendig liederlich und Abenteurer des Gefühles bleiben?

necessarily remain dissolute and adventurers of feeling?

43.10 Die Meisterhaltung unseres Styls ist Lüge und Narrentum, unser Ruhm und Ehrenstand eine Posse, das Vertrauen der Menge zu uns höchst lächerlich, Volks-und Jugenderziehung durch die Kunst ein gewagtes, zu verbietendes Unternehmen.

The mastery of our style is a lie and folly, our fame and honor a farce, the confidence of the multitude in us most ridiculous, the education of the people and youth through art a daring enterprise to be forbidden.

43.11 Denn wie sollte wohl der zum Erzieher taugen,

After all,

43.12 dem eine unverbesserliche und natürliche Richtung zum Abgrunde eingeboren ist?

how could anyone be an educator who is born with an incorrigible and natural tendency towards the abyss?

Wir möchten ihn wohl verleugnen und Würde
gewinnen, aber wie wir uns auch wenden mögen,
er zieht uns an.

We would like to deny him and gain dignity, but whichever
way we turn, he attracts us.

So sagen wir etwa der auflösenden Erkenntnis ab,
denn die Erkenntnis, Phaidros, hat keine Würde und
Strenge:

Thus, for instance, we renounce the dissolving knowledge,
for knowledge, Phaidros, has no dignity and rigor:

sie ist wissend, verstehend, verzeihend, ohne
Haltung und Form;

it is knowing, understanding, forgiving, without attitude
and form;

sie hat Sympathie mit dem Abgrund, sie ist der
Abgrund.

it has sympathy with the abyss, it is the abyss.

Diese also verwerfen wir mit Entschlossenheit, und
fortan gilt unser Trachten einzig der Schönheit, das
will sagen der Einfachheit, Größe und neuen Strenge,
der zweiten Unbefangenheit und der Form.

So we resolutely reject it, and from now on we will focus
solely on beauty, that is, on simplicity, grandeur and new
rigor, on the second impartiality and form.

Aber Form und Unbefangenheit, Phaidros, führen
zum Rausch und zur Begierde, führen den Edlen
vielleicht zu grauenhaftem Gefühlsfrevel, den seine
eigene schöne Strenge als infam verwirft, führen
zum Abgrund, zum Abgrund auch sie.

But form and impartiality, Phaidros, lead to intoxication
and desire, lead the noble man perhaps to horrible
emotional sacrilege, which his own beautiful severity
rejects as infamous, lead to the abyss, to the abyss also.

43.19 **Uns Dichter, sage ich, führen sie dahin, denn wir vermögen nicht, uns aufzuschwingen, wir vermögen nur auszuschweifen.**

They lead us poets, I say, there, for we are not able to soar, we are only able to digress.

43.20 **Und nun gehe ich, Phaidros, bleibe du hier;**

And now I am going, Phaidros, you stay here;

43.21 **und erst wenn du mich nicht mehr siehst, so gehe auch du.«**

and only when you no longer see me will you go too."

45.1 **Einige Tage später verließ Gustav von Aschenbach, da er sich leidend fühlte, das Bäder-Hotel zu späterer Morgenstunde als gewöhnlich.**

A few days later, Gustav von Aschenbach, feeling ill, left the spa hotel later in the morning than usual.

45.2 **Er hatte mit gewissen, nur halb körperlichen Schwindelanfällen zu kämpfen, die von einer heftig aufsteigenden Angst und Ratlosigkeit begleitet waren, einem Gefühl der Ausweg-und Aussichtslosigkeit, von dem nicht klar wurde, ob es sich auf die äußere Welt oder auf seine eigene Existenz bezog.**

He was struggling with certain, only half-physical dizzy spells, which were accompanied by a violent rising anxiety and helplessness, a feeling of hopelessness and hopelessness, of which it was not clear whether it referred to the outside world or to his own existence.

In der Halle bemerkte er eine große Menge zum
Transport bereitliegenden Gepäcks, fragte einen
Türhüter, wer es sei, der reise, und erhielt zur
Antwort den polnischen Adelsnamen, dessen er
insgeheim gewärtig gewesen war.

45.3

In the hall he noticed a large quantity of luggage ready for
transportation, asked a doorkeeper who it was that was
travelling, and received in reply the Polish aristocratic
name of which he had been secretly aware.

Er empfing ihn, ohne daß seine verfallenen
Gesichtszüge sich verändert hätten, mit jener kurzen
Hebung des Kopfes, mit der man etwas, was man
nicht zu wissen brauchte, beiläufig zur Kenntnis
nimmt, und fragte noch:

45.4

He received him, without any change in his dilapidated
features, with that brief lift of the head with which one
casually acknowledges something one does not need to
know, and asked:

»Wann?« Man antwortete ihm: »Nach dem Lunch.«

45.5

"When?" He was answered: "After lunch."

Er nickte und ging zum Meere.

45.6

He nodded and went to the sea.

Es war unwirtlich dort.

46.1

It was inhospitable there.

Über das weite, flache Gewässer, das den Strand
von der ersten gestreckten Sandbank trennte, liefen
kräuselnde Schauer von vorn nach hinten.

46.2

Rippling showers ran from front to back across the wide,
shallow water that separated the beach from the first
stretch of sandbank.

46.3 Herbstlichkeit, Überlebtheit schien über dem einst so farbig belebten, nun fast verlassenen Lustorte zu liegen, dessen Sand nicht mehr reinlich gehalten wurde.

An autumnal, outlived quality seemed to lie over the once so colorfully lively, now almost deserted place of pleasure, whose sand was no longer kept clean.

46.4 Ein photographischer Apparat, scheinbar herrenlos, stand auf seinem dreibeinigen Stativ am Rande der See, und ein schwarzes Tuch, darüber gebreitet, flatterte klatschend im kälteren Winde.

A photographic camera, seemingly abandoned, stood on its three-legged tripod at the edge of the sea, and a black cloth spread over it flapped in the cold wind.

47.1 Tadzio, mit drei oder vier Gespielen, die ihm geblieben waren, bewegte sich zur Rechten vor der Hütte der Seinen, und, eine Decke über den Knieen, etwa in der Mitte zwischen dem Meer und der Reihe der Strandhütten in seinem Liegestuhl ruhend, sah Aschenbach ihm noch einmal zu.

Tadzio, with three or four playmates who had remained with him, moved to the right in front of the hut of his own, and, a blanket over his knees, resting in his deck chair about halfway between the sea and the row of beach huts, Aschenbach watched him once more.

47.2 Das Spiel, das unbeaufsichtigt war, denn die Frauen mochten mit Reisevorbereitungen beschäftigt sein, schien regellos und artete aus.

The game, which was unattended because the women might have been busy preparing for their journey, seemed random and got out of hand.

Jener Stämmige, im Gürtelanzug und mit   47.3
schwarzem, pomadisiertem Haar, der

That burly man, in a belted suit and with black, pomaded
hair, who was called

»Jaschu«   47.4

"Jaschu,"

gerufen wurde, durch einen Sandwurf ins Gesicht   47.5
gereizt und geblendet, zwang Tadzio zum Ringkampf,
der rasch mit dem Fall des schwächeren Schönen
endete.

irritated and blinded by a throw of sand in the face, forced
Tadzio into a wrestling match, which quickly ended with
the fall of the weaker beauty.

Aber als ob in der Abschiedsstunde das dienende   47.6
Gefühl des Geringeren sich in grausame Roheit
verkehre und für eine lange Sklaverei Rache zu
nehmen trachte, ließ der Sieger auch dann noch
nicht von dem Unterlegenen ab, sondern drückte, auf
seinem Rücken knieend, dessen Gesicht so anhaltend
in den Sand, daß Tadzio, ohnedies vom Kampf außer
Atem, zu ersticken drohte.

But as if in the farewell hour the servile feeling of the lesser
man turned into cruel brutality and sought revenge for a
long slavery, the victor did not let go of the inferior man
even then, but, kneeling on his back, pressed his face into
the sand so persistently that Tadzio, already out of breath
from the fight, threatened to suffocate.

Seine Versuche, den Lastenden abzuschütteln, waren   47.7
krampfhaft, sie unterblieben auf Augenblicke ganz
und wiederholten sich nur noch als ein Zucken.

His attempts to shake off the burden were convulsive, they
stopped for a moment and were repeated only as a twitch.

47.8 **Entsetzt wollte Aschenbach zur Rettung aufspringen,**
Horrified,

47.9 **als der Gewalttätige endlich sein Opfer freigab.**
Aschenbach wanted to jump to his rescue when the violent man finally released his victim.

47.10 **Tadzio, sehr bleich, richtete sich zur Hälfte auf und saß, auf einen Arm gestützt, mehrere Minuten lang unbeweglich, mit verwirrtem Haar und dunkelnden Augen.**
Tadzio, very pale, half straightened up and, leaning on one arm, sat motionless for several minutes, his hair tangled and his eyes darkening.

47.11 **Dann stand er vollends auf und entfernte sich langsam.**
Then he stood up completely and slowly moved away.

47.12 **Man rief ihn, anfänglich munter, dann bänglich und bittend;**
He was called, at first cheerfully, then anxiously and pleadingly;

47.13 **er hörte nicht.**
he did not listen.

47.14 **Der Schwarze, den Reue über seine Ausschreitung sogleich erfaßt haben mochte, holte ihn ein und suchte ihn zu versöhnen.**
The black man, who must have been immediately seized with remorse at his transgression, caught up with him and tried to reconcile him.

47.15 **Eine Schulterbewegung wies ihn zurück.**
A movement of his shoulder turned him back.

Tadzio ging schräg hinunter zum Wasser. 47.16
Tadzio walked diagonally down to the water.

Er war barfuß und trug seinen gestreiften 47.17
Leinenanzug mit roter Schleife.
He was barefoot and wearing his striped linen suit with a
red bow.

Am Rande der Flut verweilte er sich, gesenkten 48.1
Hauptes mit einer Fußspitze Figuren im feuchten
Sande zeichnend, und ging dann in die seichte
Vorsee, die an ihrer tiefsten Stelle noch nicht seine
Knie benetzte, durchschritt sie, lässig vordringend,
und gelangte zur Sandbank.
He lingered at the edge of the tide, head bowed, drawing
figures in the damp sand with one toe, and then went into
the shallow foreshore, which at its deepest point did not yet
wet his knees, walked through it, casually advancing, and
reached the sandbank.

Dort stand er einen Augenblick, das Gesicht der 48.2
Weite zugekehrt, und begann hierauf, die lange und
schmale Strecke entblößten Grundes nach links hin
langsam abzuschreiten.
There he stood for a moment, his face turned towards the
expanse, and then began to walk slowly along the long,
narrow stretch of exposed ground to the left.

48.3 Vom Festlande geschieden durch breite Wasser, geschieden von den Genossen durch stolze Laune, wandelte er, eine höchst abgesonderte und verbindungslose Erscheinung, mit flatterndem Haar dort draußen im Meere, im Winde, vorm Nebelhaft-Grenzenlosen.

Separated from the mainland by wide waters, separated from his comrades by a proud mood, he walked, a most isolated and unconnected apparition, with fluttering hair out there in the sea, in the wind, in front of the misty boundlessness.

48.4 Abermals blieb er zur Ausschau stehen.

Once again he stopped to look out.

48.5 Und plötzlich, wie unter einer Erinnerung, einem Impuls, wandte er den Oberkörper, eine Hand in der Hüfte, in schöner Drehung aus seiner Grundpositur und blickte über die Schulter zum Ufer.

And suddenly, as if under a memory, an impulse, he turned his upper body, one hand on his hip, in a beautiful twist from his basic posture and looked over his shoulder to the shore.

48.6 Der Schauende dort saß wie er einst gesessen, als zuerst, von jener Schwelle zurückgesandt, dieser dämmergraue Blick dem seinen begegnet war.

The one looking there sat as he had once sat, when first, sent back from that threshold, that dusky gray gaze had met his own.

48.7 Sein Haupt war an der Lehne des Stuhles langsam der Bewegung des draußen Schreitenden gefolgt;

His head had slowly followed the movement of the man walking outside, resting against the back of the chair;

nun hob es sich, gleichsam dem Blicke entgegen, und sank auf die Brust, so daß seine Augen von unten sahen, indes sein Antlitz den schlaffen, innig versunkenen Ausdruck tiefen Schlummers zeigte. 48.8

now it rose, as it were, to meet his gaze, and sank upon his breast, so that his eyes looked from below, while his countenance showed the slack, intimately absorbed expression of deep slumber.

Ihm war aber, als ob der bleiche und liebliche Psychagog dort draußen ihm lächle, ihm winke; 48.9

But he felt as if the pale and lovely Psychagogue out there were smiling at him, beckoning to him;

als ob er, die Hand aus der Hüfte lösend, hinausdeute, voranschwebe ins Verheißungsvoll-Ungeheure. 48.10

as if, releasing his hand from his hip, he were pointing outwards, floating onwards into the promisingly unearthly.

Und wie so oft machte er sich auf, ihm zu folgen. 48.11

And as so often, he set out to follow him.

Minuten vergingen, bis man dem seitlich im Stuhle Hinabgesunkenen zur.	Minutes passed before the man slumped sideways in the chair was helped to his feet.
Hilfe eilte. Man brachte ihn auf sein Zimmer.	Help was rushed. He was taken to his room.
Und noch desselben Tages	And that same day
empfing eine respektvoll erschütterte Welt die Nachricht von seinem Tode.	A world filled with respect and shock received the news of his death.

Möwenstein Books

www.mowenstein.com

Renowned Authors

H. G. Wells   ·   Ernest Hemingway
H. P. Lovecraft   ·   Lewis Carroll
Franz Kafka   ·   Friedrich Nietzsche
Albert Einstein   ·   Oscar Wilde
Hans Christian Andersen

Notable Works

Frankenstein · *Alice in Wonderland*
Heart of Darkness · *The Great Gatsby*
Siddhartha · *The Metamorphosis*
Thus Spoke Zarathustra

Translation Services

We offer translation services in various languages, including German, Spanish, Chinese, Korean, Arabic, and more. For custom translations or revisions, please contact us at:

Email: translation@mowenstein.com

Our Collections

Franz Kafka Collection

- The Metamorphosis / Die Verwandlung
- The Trial / Der Prozess
- The Castle / Das Schloss
- and many more...

Pakt mit dem Teufel

- Faust Parts I & II by Johann Wolfgang von Goethe
- Doctor Faustus by Christopher Marlowe

Portraits of Irishmen

- The Picture of Dorian Gray by Oscar Wilde
- A Portrait of the Artist as a Young Man by James Joyce

Children's Classics

- Winnie-the-Pooh / Pu der Bär
- Brothers Grimm Fairy Tales
- Fairy Tales Told for Children
    - Author: Hans Christian Andersen

Visit Us

At Möwenstein Books, we are committed to providing high-quality bilingual editions of classic works. Explore our collections and discover more titles across various genres and languages.

Website: www.mowenstein.com